税务教育培训系列教材·税务通用能力系列

税务应用文写作基础知识

国家税务总局学习兴税指导委员会组织编写

中国税务出版社

图书在版编目(CIP)数据

税务应用文写作基础知识 / 国家税务总局学习兴税
指导委员会组织编写. —北京:中国税务出版社,2022.12(2024.8重印)
税务教育培训系列教材
ISBN 978-7-5678-1184-3

Ⅰ. ①税… Ⅱ. ①国… Ⅲ. ①税收管理-应用文-写
作-教育培训-教材 Ⅳ. ①F810.423

中国版本图书馆 CIP 数据核字(2022)第 126316 号

丛 书 名:**税务教育培训系列教材**
书　 　名:**税务应用文写作基础知识**
　　　　　SHUIWU YINGYONGWEN XIEZUO JICHU ZHISHI
作　 　者:国家税务总局学习兴税指导委员会组织编写
责任编辑:赵泽蕙
责任校对:姚浩晴
技术设计:林立志
出版发行:**中国税务出版社**
　　　　　北京市丰台区广安路 9 号国投财富广场 1 号楼 11 层
　　　　　邮政编码:100055
　　　　　网址:https://www.taxation.cn
　　　　　投稿:https://www.taxation.cn/qt/zztg
　　　　　发行中心电话:(010)83362083/85/86
　　　　　传真:(010)83362047/48/49
经　 　销:各地新华书店
印　 　刷:北京天宇星印刷厂
规　 　格:787 毫米×1092 毫米　1/16
印　 　张:11.5
字　 　数:194000 字
版　 　次:2022 年 12 月第 1 版　2024 年 8 月第 8 次印刷
书　 　号:ISBN 978-7-5678-1184-3
定　 　价:32.00 元

如有印装错误　本社负责调换

构建税务教材新体系　助力税收现代化建设①

（代　序）

　　课本虽小，天地颇大。教材集中体现着教育理念、教育内容、教育规律，是教育教学的关键要素、立德树人的基本载体，是贯彻党的教育方针、实现教育目标不可替代的重要抓手，是培养一流人才、引领创新发展的重要基础，也是做好干部教育培训工作的前提和保障。推进税务教材编写和改革是一件关乎税务干部队伍建设、党的税收事业赓续传承、更好服务党和国家事业发展的基础性战略性大事要事。

一、充分认识税务教材编写和改革的重要意义

　　党的十八大以来，习近平总书记站在全局和战略的高度，围绕建设马克思主义学习型政党、推动建设学习大国提出了一系列新思想、新论断、新要求，强调我们党依靠学习创造了历史，更要依靠学习走向未来。教材是育人育才的重要依托，教材建设是铸魂工程，抓好全党大学习、干部大培训，要有好教材。党的二十大报告突出强调实施科教兴国战略，强化现代化建设人才支撑，并对深化教育领域综合改革，加强教材建设和管理也提出了明确要求。这些重要论述深刻阐明了干部教育培训的极端重要性，同时也为推进教材编写和改革提供了科学指引和根本遵循。

　　税务总局党委始终高度重视税务教育培训教材建设，近十年来不断健全和完善干部培训系列教材，尤其是结合数字人事工作，组织编写了初任培训、业务能力和领导能力系列教材，为提高税务干部能力素质发挥了很好的作用。当前，百年变局和世纪疫情交织叠加，我国改革发展稳定任务艰巨繁重，税收在国家治理中的基础性、支柱性、保障性作用愈加凸显，税收工作面临许多前所未有的新课题新挑战，对税务教育培训和教材建设也提出了新的更高要求。我们一定要认真学习领会习近平

---

　　①　本文根据国家税务总局党委书记、局长王军在税务教育培训教材编写和改革专题会议上的讲话整理。

总书记关于加强学习和教材建设的重要论述，深刻认识推进税务教材编写和改革的重要意义，以高度的责任感和使命感，推动税务教材建设不断开创新局面、迈上新台阶，全力服务科教兴国战略和国家治理现代化。

二、准确把握税务教材编写和改革的总体要求

税务教材编写和改革要准确把握新时代教材建设的任务要求，坚持在守正中创新、在改革中发展，充分发挥教材培根铸魂、育人成才、凝聚共识、推进交流的重要作用。

第一，要有更高的定位。我们一定要对标习近平总书记关于加强学习和教材建设的重要论述精神，全面贯彻党的教育方针，认真落实立德树人根本任务，自觉站在倾力服务党和国家事业发展大局、培养堪当民族复兴重任时代新人的战略高度，立足高起点、树立高标准、追求高目标，组织编写一套国内具有权威性、国际具有引领力的税务教材，既能用于持续锻造高素质专业化税务干部队伍，又能促进理论常青、指导实践创新，还能更好地开展税法宣传教育、深化国际税收合作交流，让更多的人从中受益，在更大的范围内、更长的时间里产生更深刻、更广泛影响。

第二，要有更宽的视野。税务系统有60多万在职干部，这是我们的主要培训对象，但又不能局限于此。税收与每个人都息息相关，决定了税务部门不仅要承担好税收征管职责，而且在开展税收宣传、普及税法知识、提高全社会的税法遵从度等方面也有着义不容辞的责任。由此也决定了税务教材编写必须具有宽视野，适应不同方面的需求。税法教育要从娃娃抓起，推进税法进校园、进课堂，需要有一套生动有感的税务教材；在高校的学生群体中，不少学经济特别是学财税专业的学生，需要有契合他们学习税法和税收知识的好教材；还有一些科研院所、社会中介服务机构，特别是众多的企业，都是税务教材的需求者和使用者；即使是普通群众，作为个人所得税纳税人和社保缴费人也需要学习税费知识，也是税务教材的服务对象。从这个意义上来说，需要我们编写不同类型、适应各方面需要、权威实用的税务教材，让社会各界更深入地了解税务部门和税收工作，更紧密地建立与税收的情感纽带，更广泛地凝聚理解税收、支持税收、维护税收的共识。另外，完善和落实"一带一路"税收征管合作机制，积极服务国家对外开放战略，也需要我们很好地设计一套体现中国税收话语体系、面向国际税务界开展培训的教材。

第三，**要有更深的考量**。税务教材的编写既要注重理论性，又要体现实践性，彰显理论与实践的有机贯通；既要有对过去推进税收现代化实践的回望和总结，又要有对未来服务中国式现代化的展望和描绘，彰显继往与开来的赓续传承。这些年，在党中央、国务院的坚强领导下，税务系统围绕税收现代化建设目标顺利完成了一系列重大改革任务，在开展各项税收工作中，提出了很多新理念、创造了很多新机制、积累了很多新经验，探索形成了一系列从实践到制度到软件再到文化、多兵种合成推进等策略打法。我们要把这些理念、机制、经验、策略打法作进一步梳理总结和提炼升华，概括新观点、形成新思路、构建新理论，并且将其全面系统地融入税务教材体系建设之中。同时，还要与推进智慧税务建设、提升税收治理效能、实现税收现代化并服务中国式现代化的未来实践和发展紧密结合起来，充分体现合成性、引领性、战略性。

第四，**要有更好的效果**。适应新形势新要求的税务教材体系，至少应体现以下几个特点：一是突出思想性。教材体现党和国家意志，具有鲜明的意识形态属性、价值传承功能。要牢牢把握教材建设的政治方向和价值导向，围绕传播党的理论和路线方针政策，聚焦"培养什么人、为谁培养人、怎样培养人"这一根本问题，以推进习近平新时代中国特色社会主义思想铸魂育人为主题主线，坚持好、运用好贯穿其中的立场观点方法，并把习近平总书记关于税收工作的重要论述充分体现到教材中，以党的创新理论引领税务教材建设。二是体现针对性。国家推进国民教育系列教材建设，要求把握好统一性和多样性的关系，根据不同学段、不同学科的特点进行整体设计，税务教材建设也要遵循这一原则。比如，在编写针对税务干部的教材时，就要从税收工作的同质化和税务岗位的差异性出发，按照分类分级的原则，分别编写税务通用能力、税务专业能力、税务领导能力等不同系列教材。即便是税务领导能力系列教材，也要尽可能考虑不同层级、不同职位进行细分，努力做到量体裁衣、因岗施教，形成面向税务干部全职业周期、多层次、立体化的知识体系和能力图谱，让处在不同阶段的税务干部都能学有所向、学有所依、学有所用。三是注重科学性。要立足不同对象的工作和学习需要，坚持从实践中来，引导到规律中去，强调由浅入深、由易到难，由具体到一般，再由一般到具体，很好地把实践总结同理论创新结合起来，努力做到一读再读"愿学、爱学、乐学"，细悟再悟"启智、益智、增智"，履行践行"管用、实用、好用"。

总之，我们要对标对表党的二十大新精神，坚决落实中央新要求，敏锐把握时代新特征，深入联系工作新格局，守正创新、深化改革，不断更新教材建设理念，提升教材编写质量，增强材岗相适功能，找到理论与实践的结合点、此岗与彼岗的差异点、业务与人文的共鸣点、当下与未来的承接点，做到案例与说理相结合、业务与技术相结合、知识与文化相结合、基础与战略相结合，着力构建和健全新时代高质量税务教材体系，并以此为突破口，持续推动"十四五"时期税务干部教育培训工作和税收社会共治的改革创新，切实提升教育培训质效，为推进新征程税收现代化提供有力支撑，为提高我国文化软实力、增强文化自信作出积极贡献。

三、科学谋划税务教材编写和改革的实施路径

教材编写和改革工作是一项系统工程，政治性、政策性、专业性很强。我们要不断提高政治判断力、政治领悟力、政治执行力，扛牢责任、勇于担当，精心组织、积极推进，确保教材建设任务落到实处。

一是明晰推进思路。教材体系的基本框架是教材建设的"纲"，纲举则目张。要把这套新教材体系建设纳入"十四五"时期税收重点工作任务，坚持总体设计、分步实施，先集中优势兵力把教材体系的基本框架搭起来，再抓主要教材，然后按照急用先行、先易后难、先内后外的原则，逐步扩大、稳步推进，一步一步健全完善，用几年时间，使我们国家的税务教材成体系、具特色、集大成，并且拓展使用到国际领域。

二是传承工匠精神。一流的编写队伍，成就一流的教材。新中国成立之初，我们国家为了编写第一套全国通用中小学统编教材，成立了200多人的编委会，包括教育学家叶圣陶、语言学家吕叔湘、数学家华罗庚、地理学家竺可桢等一批国之巨匠。毛主席还专门指示："宁可把别的摊子缩小点，必须抽调大批干部编写教材。"我们要广泛动员方方面面的力量，不仅是税务系统的力量，还要包括社会上的专家学者、各个高校科研院所的力量，组成核心编写团队、编辑团队、审校团队，切实保障编写工作顺利推进。

三是树牢精品意识。教材编写无小事，质量是教材的生命线。同时，教材建设链条又比较长，哪一个环节都不能出问题。要坚持凡编必审、凡审必严，强化全流程严格审核把关的意识和机制，严把教材质量审核关，以苛求完美的精神，努力打造一套经得起历史和实践检验的精品教材。税务总局成立了学习兴税指导委员会，要充分发挥委员会的全程把关作用，切实增强教材审核工作的专业性和权威性。

教材的影响力就像滚雪球似的，会越滚越大，不仅影响我们自己，还会影响他人；不仅影响当代人，还会影响几代人。我曾经对金税四期建设提出，要创造"攀攻几年、骄傲一生、惠及数代、享誉内外"的业绩。我想，税务教材编写和改革工作也一定要有这个气魄和壮志，那就是：我们要把税务教材建设作为一项基础工程、战略工程，倾力构建一整套为持续锻造忠诚干净担当的税务铁军培根铸魂，为高质量推进新征程税收现代化开智悟道，为深化国际税收合作铺路搭桥，为更好服务中国式现代化增劲添翼，突出中国特色、具有世界水平的税务教材新体系。让我们一起朝着这个目标努力努力再努力，共同把这件功在当代、利在长远的大事要事办成办好办出彩！

编写说明

　　为了满足税务系统新录用公务员学习需要，按照税务系统干部教育培训教材建设规划，我们编写了税务通用能力系列教材。本系列教材以"基本基础"和"应知应会"为原则，围绕组织使命、工作职责、工作依据、工作规范、风险防范等方面，着力培育税务职业精神，提高税务专业能力。

　　《税务应用文写作基础知识》是税务通用能力系列教材之一。本教材以2015年版全国税务干部教育培训教材《应用文写作基础知识》为基础重新修订编写，具有以下三个特点：一是基础性，明确税务应用文的含义和基本分类，提供基础的写作理论、基本的写作方法；二是实操性，从实际工作需要出发，围绕常用文种提供大量源于实践的例文和模板，并配有解析，方便税务干部日常技能训练；三是时代性，按照中央转变作风、文风的各项要求，用税收新词，树公文新风，展文化风采。总之，力求通过此次修订，使本书在定位的准确性、内容的针对性、实践的适用性、阅读的启发性等方面有所创新和突破，成为"立足税务、置身公务、突出实务、强化基础、注重感悟"的税务应用文写作基础类指导用书。

　　税务通用能力系列教材由国家税务总局教育中心统筹策划、组织编审。本教材修订编写工作由国家税务总局吉林省税务局牵头编写，邀请北京市税务学会副会长程永昌为顾问，编写组组长由国家税务总局吉林省税务局田骅担任，副组长由国家税务总局吉林省税务局王法锟担任，国家税务总局税务干部学院宋龙飞（第一章、第四章）、曹福来（第四章）、王娟（第二章），国家税务总局吉林省税务局宋磊（第一章、第三章）、李国生（第二章）、耿智鹏（第三章），国家税务总局四川省税务局袁志（第五章），国家税务总局广州市税务局赵永清（第三章），国家税务总局长春市税务局崔富国（第三章），国家税务总局通化市税务局谢俊海（第五章），国家税务总局遂宁市税务局赵雷（第五章）参加编写，王法锟负责统稿，国家税务总局相关司局、系统内部分专家对教材进行了审核和审定。由于水平有限，教材中疏漏之处在所难免，恳请读者批评指正。如有修改意见或建议，请发送至 jyzxjcc@163.com。

编　者

2022 年 5 月

目　录

第一章 税务应用文基础知识概述

本章导读：税务应用文写作是税务干部依法履职必备的基本技能，也是做好税务工作的基本职业要求。科学、规范地运用税务应用文，对于提高税务机关行政效能、树立良好税务形象、做好税务工作，具有积极而重要的意义。本章从应用文的概念、历史发展、特征以及分类等相关基础知识出发，结合税务工作，对税务应用文的概念、特点与分类以及税务应用文的属性、意义和作用进行了阐述，为准确理解和把握税务应用文写作要求打下基础。

第一节 应用文概述

应用文是源于社会实践的实用文体，与人们日常工作、学习、生活紧密相连，在社会生活的各个领域中发挥着重要作用。

一、基本概念

应用文是指人们在长期的政治、经济和社会活动中形成并普遍使用的一种文体，不同于文学作品，它是国家机关、企事业单位、社会团体以及个人用于办理事务、传递信息、解决实际问题而常用的文体总称。

二、历史发展

应用文的使用历史悠久。河南安阳小屯村挖掘出的 3500 年前的殷墟甲骨文，是我们今天看到的最早成体系的文字，也可视为应用文最早的雏形。古老的文字记载，基本上都是关于重要事件的记录。甲骨卜辞、商代后期和周朝的青铜器铭文，包括最早的典册都可归于应用文的范畴。随着社会的不断发展，应用文的使用也逐渐广泛、丰富起来。《尚书》是我国最早、保存最完整的应用文文集，主要记载了夏、商、周的政治公文和法令，类似于现今使用的行政公文中的指示、命令、公告和通告等。秦建立我国第一个中央集权的封建专制国家之后，统一了文字，推广"书同文"，以小篆为标准字体，给文书的处理带来了极大便利。唐宋时期由于经济文化的繁荣发展，应用文制度日益完善，相应文种格式也更加完备。宋代张侃在《拙轩集·跋陈后出再任校官谢启》中首次提到"应用文"一词。清代刘熙载的《艺概·文概》中指出："辞命体，推之可为一切应用之文。应用文有上行，有平行，有下行，重其辞乃所以重其实也。"辛亥革命后，南京临时政府废除了两千多年以来封建王朝所使用的制、诏、题、奏、表、笺等名目。新中国成立以后，党和政府对应用文的撰写和处理进行了一系列卓有成效的改革，逐步形成具有现代意义的应用文文体，使应用文在现实工作与生活中发挥越来越大的作用。

三、主要特征

应用文作为一种实用文体，其特征主要有以下几点：

（一）功能实用

应用文都是为达成特定目的而写作的，"有事而发，无事不发"，最终是为了解决实际问题。有无实用性，是应用文和其他文体质的区别，也是判断应用文属性的主要标准，因此应用文常常又被称为"实用文"。

（二）格式规范

在长期的写作实践过程中，应用文逐渐形成了固定格式和文体风格。有的格式是社会长期约定俗成的，有的是特别规定的，还有的格式比较简单，都是为了提高办事效率，更好地发挥其实用功能。当今社会的生活和工作节奏越来越快，为了提升工作效率，按照固定格式进行应用文的写作也是最优的选择。

（三）要素齐备

一般来说，应用文都由一些共同的要素组成，主要包括对象、问题、情由以及办法四个要素。

1. 对象。应用文是写给具体单位与具体个人或是一定范围内的人看的。撰写人与阅读者背后的单位与单位、人与人之间的关系十分清楚。

2. 问题。人们在日常生活或工作中写应用文，是为了解决问题。例如，上级向下级传达指令，下级向上级汇报工作，单位之间商洽业务，签署协议、合同等过程中遇到的各种问题，都有可能需要应用文来解决。需要解决的问题是应用文必备的要素之一。

3. 情由。情由就是应用文所涉及事情的主体内容以及缘由。应用文是以解决问题为导向的，要想使得阅读对象能够明白和重视问题所在，就必须简单、通俗、客观地表述情况以及说明原因。

4. 办法。应用文最终要针对所涉及的问题，在对客观情况作出充分的、正确的分析以后给出相应的解决办法，即对问题给出意见、要求、措施，或作出某种结论等。

（四）语言得体

一般来说，应用文的语言是为写作目的和形式结构服务的，使用时应当得体妥当，主要体现在以下几点：

1. 准确。应用文语言一旦出现错、漏、歧解，轻则影响办文主体的名誉和形象，重则给工作带来不可弥补的损失。应用文语言特别讲究准确，要最大限度与客观事物相一致，确凿无误。应用文写作和表情达意时，语言要真切，语意要确切，内容要完备、符合实际，清楚表述要表达的内容，对内容中所涉及的事实、数字等细节都确定属实，用词造句含义确定。

2. 简朴。应用文语言应平实自然、是非清楚、通俗易懂、恰如其分，不浮华夸饰、矫揉造作和形象描绘。遣词造句时要浮辞净尽，不蔓不枝，用语淳朴无华，直接鲜明地表达意思，不要叠床架屋层层修饰，要让受文者迅速、准确地理解和执行公文所表达的内容。

3. 规范。应用文在长期使用过程中，不仅形成了稳定规范的体裁、种类、结构、形式，而且形成了一些确切简练、用途专一、文雅别致的规范用语。应用文应符合既定格式规范、逻辑规则，语言应当讲求"词语规范、句式整饰"，给人以整肃的观感。

（五）时效严格

应用文的实用性直接决定了其时效性。应用文，如公文、合同等文种，一般都要标注生效的具体日期，说明应用文常常需要在一定时间内把要反映的事情写清楚，有时甚至会争分夺秒，否则会耽误工作或因过期而失效。

四、基本分类

应用文的分类方式很多，按照应用文的来源来分类，可以分为外来文书和内制文书；按照应用文的作用来分类，可以分为指挥性文书、规范性文书、报请性文书、知照性文书、记录性文书；从应用文行文关系上可以分为上行文、平行文、下行文等；依据应用文的实用性特征进行划分，可以划分为宣告式应用文、分析式应用文和互联式应用文。本书以应用文的内容和使用范围作为划分标准，将应用文分为三类。

（一）公文类应用文

公文类应用文即公务文书，简称公文。中共中央办公厅、国务院办公厅于2012年4月16日印发，自2012年7月1日正式实施的《党政机关公文处理工作条例》（以下简称《条例》）第三条规定："党政机关公文是党政机关实施领导、履行职能、处理公务的具有特定效力和规范体式的文书，是传达贯彻党和国家的方针政策，公布法规和规章，指导、布置和商洽工作，请示和答复问题，报告、通报和交流情况等的重要工具。"《条例》中共列出15类公文，分别是：决议、决定、命令（令）、公报、公告、通告、意见、通知、通报、报告、请示、批复、议案、函、纪要。

（二）综合类应用文

综合类应用文主要是指机关、团体、企事业单位为反映事实情况、解决问题、处理日常工作事务而普遍使用的应用文文种。综合类应用文具有很强的实用性与综合性，有一定规范格式，但并不像公文类应用文那样正式和权威，使用中能起到交流思想、沟通感情、传递信息等作用。计划总结、简报、调研报告、会议记录等都属于此类应用文。

（三）专业类应用文

专业类应用文是指某些专业领域的机关或者具有专门行业职能的机关，根据特殊需要而在其专业活动中使用的具有特定内容和格式的应用文书。专业类应用文与前两者的最大不同点在于此类应用文所适用的领域为特定领域，使用的目的较为明确。很多社会领域都有自己特定的专用文种。例如，在外交领域常用的专业应用文有国书、领事任命书、声明、照会等；公安领域也有提请批准逮捕书、治安调解书、通缉令等专业应用文书。

第二节　税务应用文概述

税务应用文是应用文在税务行政领域的具体适用，税务应用文与其他领域的应用文有相似性，但同时也具有自己的特殊性。在日常税务工作中，常常涉及税务应用文，因此，熟练掌握税务应用文写作技能，不仅是从事税务工作的必备能力，也是税务干部的基本职业要求。科学、规范地运用税务应用文，对于提高税务机关行政效能、树立良好税务形象、做好税务工作，具有积极而重要的意义。

一、基本概念

税务应用文是指在税务工作中使用的应用文，是税务机关实施领导、履行职能、处理公务的具有特定效力、规范格式和行业特点的文书。税务应用文作为实施税务管理的文字载体，贯穿于税务工作的方方面面和各个环节。

二、主要特点

税务应用文与税务工作密切相关，是开展税务工作的重要载体。相较于其他应用文，税务应用文还具有一些更加具体的特征。

（一）权威性

税收是依靠国家的政治权力而强制征收的。税务工作是国家行使权力的重要组成部分，体现了国家意志。税务应用文作为税务工作中使用的应用文文体，尤其税务公文是制发机关根据法律法规赋予的权限和职责制作发布的，表达的内容是制发机关对特定问题的权威意见、看法和要求，相关单位和个人必须严格遵守、执行。

（二）专业性

一般来说，税务应用文常涉及对税收政策的理解，以及涉税法律法规的适用，由于税收知识不同于日常生活常识，税收相关的政策要求、法律法规、税务管理等都包含有较多的专业概念、专业术语，呈现出较强的专业性。税务应用文在内容上也常常表现出较强的专业性，用语上也比较准确、严谨，凸显了税务应用文具有专业性的特点。

（三）针对性

税务应用文一般应用于税务机关内部或面向税务干部、纳税人缴费人、扣缴义务人以及其他社会各界人士，需要在行文时考虑相关对象的特点和工作要求，并根据不同的具体业务和行文目的，选用不同的文种，做到有的放矢，富有针对性。税务机关公文就是根据党和国家有关政策和要求，结合本地区本部门的实际，并针对现实的、具体的税收问题制发的税务应用文，对布置的任务、安排的工作、规定的事项、提出的要求，都要交代得比较具体、明确，针对性和指导性十分明显。

（四）规范性

税务应用文在行文过程中形成了相对固定的规范格式和语言，各文种都有特定的适用范围，必须规范使用。规范性是税务应用文的基本要求，无论是税务应用文写作的基本结构，还是处理程序，都应该依照严格、统一的规范，不得擅自修改。

三、基本分类

从税务工作实践来看，税务应用文可被分为税务机关公文、税务综合文稿和税务专业文书三类。

（一）税务机关公文

税务机关公文，是指税务机关在税务管理过程中形成的具有法定效力和规范体式的公务文书，是贯彻落实党和国家方针政策，公布规章和规范性文件，指导、布置和商洽工作，请示和答复问题，报告、通报和交流情况等的重要工具。国家税务总局根据《条例》，制定颁发了《全国税务机关公文处理办法》。鉴于税务机关的工作性质，《全国税务机关公文处理办法》将税务公文种类明确为 13 种，分别为决议、决定、命令（令）、公告、通告、意见、通知、通报、报告、请示、批复、函、纪要。

（二）税务综合文稿

税务综合文稿是税务机关在公务活动中除了税务公文之外，为沟通工作情况、解决工作问题、处理日常工作事务而普遍使用的文种，包括工作计划、方案、总结、调研报告、事迹材料、新闻稿、工作信息、讲话稿、会议记录等。

（三）税务专业文书

《全国税务机关公文处理办法》规定："税务专业文书、执法文书按有关规定处理。"这条规定为税务公文、税务专业文书和执法文书的区别化处理提供了规范依据。从写作或制作的角度来看，税务专业文书、执法文书与上述税务机关公文并不相同，属于"在特定部门，为适应特殊需要"而使用的专门文书。由于目前法律法规、部门规章和规范性文件中未对"税务专业文书"做出具体定义，对于税务专业文书与执法文书之间的关系也需要进一步明确。本书认为税务专业文书包含税务执法文书，税务执法工作是税务机关各项工作中最具专业化色彩的工作之一，税务执法文书也是税务领域中最核心最典型的专业文书。近年来，国家税务总局持续不断地对各类税务执法文书的格式和内容填写进行规范，对促进税务执法的法治化与规范化起到了重要作用。后文中将通过单独的章节对税务专业文书与执法文书的规范化制作与使用进行分析和解读。

第三节　税务应用文的作用、意义及其属性

税务应用文与日常税收工作密切相关，是税务机关组织体系正常运转的重要载体。正确、熟练运用税务应用文，不论对税务机关还是税务干部个人，都具有十分重要的现实意义和实践作用。

一、税务应用文的作用

税务应用文作为各级税务机关传达、贯彻党和国家的税费管理方针、政策，联系和处理工作的一种工具，其作用主要体现在六个方面。

（一）指挥管理作用

税务应用文是传达党和国家税费管理方针政策及指令的有效形式，是上级税务机关或部门实施领导和指导的重要工具。如上级税务机关发布的决定、意见、通知等，都起着指导、管理、约束的作用，下级税务机关对此必须遵照执行，或根据本地区实际情况参照执行。

（二）布政明法作用

国家制定的税收法律、法规，税务机关对外发布的规章、规范性文件，以及税务机关内部制定的制度、办法等，这些法律文书、规章制度一经公布，便具有很强的约束力，任何人都要自觉遵守，不得违反，否则将会受到不同程度的处罚。

（三）联系知照作用

在日常税收工作中，税务机关之间，税务机关与外部机关之间，税务机关与纳税人缴费人之间的许多工作都是通过税务应用文进行联系、协调的，许多具体问题也是因此而得到及时处理的，许多对工作开展具有重要作用的信息资

料也是这样获得的。不同主体通过公文往来可以实现交流思想、沟通情况、接洽工作的目的。

（四）请示答复作用

下级税务机关工作中的有关事项，需要上级税务机关批准方可办理时，多以公文形式向上级请求指示和批准；向上级税务机关汇报工作、反映情况、回复询问，也多以公文形式报告。上级税务机关在掌握下级工作情况和存在问题后，可以通过公文形式予以答复。

（五）总结宣传作用

税务应用文是推广税务机关典型经验做法的有效载体。对税收工作中创造的经验和做法，及时总结规律，通过通报、信息等形式转发学习借鉴，可举一反三，推动有关工作的深入开展；对税收工作采取的措施、取得的成效，通过新闻、报道等形式对外宣传，可扩大提高税务工作的辐射面和影响力，有利于提高全社会纳税遵从。

（六）依据凭证作用

税务应用文是党政机关从事公务活动的真实记录，记载着许多重大决策、法规和重要公务活动事项等的产生过程。其在形成的同时，也成为一个单位的档案材料，既是见证历史的权威凭证，也是今后工作的重要参考。

二、写好税务应用文的意义

（一）税务应用文是规范税务机关税务行为、推进依法治税的重要抓手

"没有规矩，不成方圆。"税务应用文内容涉及税务工作和各类涉税行为，既是征纳双方必须遵照的重要依据，也是总结经验、发现和解决问题的指引。提高税务应用文运用水平，有利于更好地贯彻落实各项税收法规政策，有利于规范税务行为、推进依法治税，有利于维护正常税收秩序、提升税法遵从度。

（二）税务应用文是推动税务机关和税务干部开展工作、履行职责的重要载体

税务应用文作为税务机关开展税收工作的重要文字载体，事关税收工作的质量和效率，伴随履行职责的诸多环节，正确、规范、科学、高效地使用税务应用文是税务机关顺利开展工作、税务干部有效履职的有力保障。

（三）税务应用文是反映税务机关、税务干部工作效能及形象的重要渠道

国家税务总局党委书记、局长王军指出："公文质量体现着机关干部的

综合素质，反映着单位的管理水平，公文办理无小事，公文质量大学问，办好公文是机关干部安身立命之本，关乎机关和干部形象，影响大，责任重，要常抓不懈。"税务应用文运用是一个较为复杂的创造性劳动过程，需要使用者具备较高的专业素养、文学功底和写作技巧。在实际工作中，能否熟练起草、运用税务应用文，是衡量税务干部岗位基本能力水平的标准之一。同时，税务应用文的质量和运转效率也从侧面反映了税务机关和税务干部的工作效能和形象。

三、税务应用文的属性

（一）税务应用文的文采、文风和文化

1. 税务应用文的文采

语言不但要把意思说清楚，还要生动灵活，具有说服力。在词汇的选择和使用时，尽可能用最简洁明了的语句表达税务应用文的主旨。在字词方面，税务应用文的撰写过程中要注重税务专业术语使用的精准性，准确把握概念的内涵和外延。还要注意语言风格的适用性，在实际的税务应用文写作过程中，要依据语境的不同，变换语法、词句，灵活组合，以此实现更准确、更流畅的沟通。在语句方面，要注重遵守语法规则，确保逻辑结构正确。

2. 税务应用文的文风

2010年5月，习近平总书记在中央党校发表《努力克服不良文风　积极倡导优良文风》讲话时指出，"人们从文风状况中可以判断党的作风，评价党的形象，进而观察党的宗旨的贯彻落实情况"。既阐述了文风与作风之间的关系，又进一步强调了文风问题的重要性。习近平总书记明确指出了不良文风的几种表现、造成不良文风的各种原因以及改进文风的具体办法和努力方向，强调文风要在三个方面下功夫、见成效。一是短。力求简短精练、直截了当，要言不烦、意尽言止，观点鲜明、重点突出。坚持内容决定形式，宜短则短，宜长则长。二是实。讲符合实际的话不讲脱离实际的话，讲管用的话不讲虚话，讲反映自己判断的话不讲照本宣科的话。三是新。在研究新情况、解决新问题上有新思路、新举措、新语言，力求思想深刻、富有新意。税务总局专门下发转变文风、提高办文效率有关文件，明确提出各级税务机关要积极倡导优良文风，并强调要不断加强办文能力建设，着力提高办文人员素质，力求行文格式规范、结构清晰、逻辑严谨、语言精练，办出高质量、高水平。

3. 税务应用文的文化

税务应用文属于政治文化产品范畴，与其他文化产品不同。一是必须依法行文。税务应用文，特别是其中的公文是税务机关表达意志的文书，是税收工作方针、政策、法规、政令及信息的体现者和承载者，它的权威性和严肃性是其他文体所不能替代的，因此税务公文必须符合党和国家的方针、政策、法律、法规以及上级税务机关的有关规定，做到于法有据。二是有特定的接受对象。税务应用文有特定的运用范围，税务公文中的发文单位、主送单位、抄送单位，就明确了公文写作和发送所指向的特定对象。在行文目的上，要坚持"问题导向"，目的必须明确，反映的内容、要求及其所希望实现的目标必须清晰。三是有较为固定的写作格式，根据《全国税务机关公文处理办法》规定，税务应用文格式要求更为规范严格。四是有较强的时效性，税务公文一般都具有时效性要求，特别是税务公文要求在一定时间内办理完毕，如写作或办理迟缓则极易造成工作延误。

（二）税务应用文的大局、全局、格局

1. 税务应用文的大局思维

大局思维，是立足党和国家税收事业发展全局，从整体上全面地而不是片面地、系统地而不是零散地、普遍联系地而不是单一孤立地观察事物的思维方式。它注重把握宏观的、长远的战略发展，抓住主要矛盾，正确处理国家与个人、整体与局部、长远与现实等基本关系。大局思维可以抽象地概括为：价值观层面的境界、思考问题时的角度和方法论意义上的效度。对于税务应用文来说，一方面，要强调谋划部署工作时的大格局，坚持从大局、从整体利益出发，树立"一盘棋"思想，在全面系统考量各方面因素、统筹兼顾各方发展利益的基础上，科学制定发展战略，确定总体方案，明确实施路径；另一方面，要强调贯彻落实决策部署时的贯彻到位、执行彻底，正确处理好保证上级政令畅通和立足实际创造性开展工作之间的关系。

2. 税务应用文的全局思维

全局思维，是考虑问题时由点及线、由线及面、由局部到全面地去思考。这是一种从微观拓展到宏观，再从宏观聚焦到微观的思维过程。全局思维的好处，是能帮我们透过表象去抓问题的本质，避免"一叶障目"。税务应用文起草者只有及时掌握和领会党和国家相关路线方针政策，树立全局观念，深入了解税务机关的工作情况，才能在行文中对实际问题进行全面系统分析，有针对性地提出切实可行的解决办法。因此，把握形势、了解政策、熟悉业务，是提高税务应用文质量的基本要求。

3. 税务应用文的格局思维

格局，是对事物的认知范围。税务应用文使用范围广、包含内容多，专业性、实用性较强，因此写作者在起草税务应用文时，不能仅仅聚焦于具体写作技巧和文法，局限于税收领域的基本知识，而是要广泛涉猎政治、经济、社会、历史、文化等多学科、多领域的相关知识，从多个角度、多个维度来认识问题、研究问题、解决问题，只有这样，才能不断放大文章格局，使其发挥更大效用。

本章小结：本章是对应用文及税务应用文基础知识所做的简要介绍，对本章内容的学习应当注重以下几点：一是应当熟悉应用文在功能、格式、要素、语言、时效等方面的特性，在日常工作中需要与其他文体相区别；二是应当准确把握应用文在写作方面的基本要求，掌握应用文的写作方法；三是准确理解税务应用文相较于其他应用文所具有的特点。通过对应用文和税务应用文基础知识的学习与把握，能够帮助读者从宏观层面深刻理解税务应用文对于税务机关和税务干部的重要意义以及对推动税务工作起到的重要作用。

第二章　税务机关公文写作

本章导读：本章分别介绍了税务机关公文主要种类、格式和行文规则；税务机关公文的起草要求和行文易错之处；详细介绍 13 种税务机关公文的基本含义、主要特点、写作要求，对于常用的公文进行了示例讲解，主要目的是帮助税务干部直观、具体、深入地了解每一种税务机关公文，掌握其起草方法。

第一节　税务机关公文写作基本规范

税务机关公文具有传达贯彻党和国家的方针政策、实施领导、履行职能、处理公务等功能，具有特定效力和规范体式，准确掌握公文写作的主要种类、基本格式、行文规则非常必要。

一、主要种类

税务机关公文是指税务机关在税务管理过程中形成的具有法定效力和规范体式的公务文书，简称税务公文。税务公文包括命令、决议、决定、公告、通告、意见、通知、通报、报告、请示、批复、函、纪要 13 种。

（一）按照公文的行文方向分类

公文按照其行文方向可以分为上行文、平行文和下行文。向所属的上级机关请示、汇报工作或对重要问题提出建议使用的公文为上行文，如"请示""报告"等；同平级机关或不相隶属机关之间商洽工作、请求批准有关事项使用的公文为平行文，如"函"；向所属的下级机关布置工作等时使用的公文为下行文，如"决定""批复"等。

（二）按照公文的流向分类

公文按照其流向可以分为收文和发文。收文是指其他机关或单位发送给本机关的公文；发文是本机关制发的公文，可分为对内发文和对外发文，对内发文是指发给本机关内设机构的公文，对外发文是指发给本机关以外其他机关或单位的公文。

（三）按照公文是否涉密分类

公文按照其是否涉密可以分为普通公文和涉密公文。普通公文是指不涉及国家秘密的公文，涉密公文是指涉及国家秘密的公文，按其涉及国家秘密的等级又可分为秘密级公文、机密级公文和绝密级公文。

（四）按照公文办理时间要求分类

公文按照其办理时间要求可以分为常规公文和紧急公文。常规公文是指按照正常时间要求去传递的公文，紧急公文是指内容重要、时间紧迫、需要打破常规提前办理的公文，紧急程度分为"特急""加急"。

二、公文格式

公文格式标准化，是实现公文处理规范化、制度化、科学化的重要前提，也是提高公文处理工作质量和效率的重要保证。

公文格式是公文具有法定的权威性和组织约束力在形式上的表现，是区别公文与一般文章的重要标志，也是保证公文的质量和提高办文效率的重要手段。《党政机关公文格式》（GB/T 9704—2012）是公文格式的国家标准。

税务公文格式的组成要素一般包括：份号、密级和保密期限、紧急程度、发文机关标志、发文字号、签发人、标题、主送机关、正文、附件说明、发文机关署名、成文日期、印章、附注、附件、抄送机关、承办部门名称和印发部门名称及印发日期、页码等，共18个公文格式要素。

公文版心内的公文格式要素可划分为版头、主体、版记三部分。公文首页红色分割线以上的部分称为版头；红色分割线（不含）以下、公文末页首条分割线（不含）以上的部分称为主体；公文末页分割线以下、末条分割线以上的部分称为版记。页码位于版心外。为了方便记忆，我们把这些公文格式要素进行"解剖"，版头可称为公文的"头"，主体称为公文的"身"，版记称为公文的"脚"，这样更形象，容易记住。

公文版头用红色分隔线隔开，上面有六个要素，即份号、密级和保密期限、紧急程度、发文机关标志、发文字号、签发人；主体有九个要素，即标题、主送机关、正文、附件说明、发文机关署名、成文日期、印章、附注、附件；版记是指在公文最后一页底端，首条分隔线和末条分隔线之间记录有关事项的部分，一般包括两个要素，即抄送机关、承办部门名称和印发部门名称及印发日期；版心外要素一个，即页码。

（一）份号

文件份号，亦称"编号"，是公文印制份数的顺序号，其目的是便于发文和查对，涉密公文应当标注份号，一般用6位3号黑体阿拉伯数字，顶格编排在版心左上角第一行。

（二）密级和保密期限

公文的密级是指公文涉及国家秘密程度的等级，税务工作国家秘密范围分为"绝密""机密""秘密"三级。"绝密"是最重要的国家秘密，泄露会使国家的安全和利益遭受特别严重的损害；"机密"是重要的国家秘密，泄露会使国家的安全和利益遭受严重的损害；"秘密"是一般的国家秘密，泄露会使国家的安全和利益遭受损害。公文的保密期限是指公文涉及保密时间的长短，除另有规定外，秘密级不超过10年，机密级不超过20年，绝密级不超过30年。

涉密公文应当分别标注密级和保密期限，一般用3号黑体字，顶格编排在版心左上角第二行，如"秘密★10年"。保密期限中的数字用阿拉伯数字标注。

（三）紧急程度

紧急程度是对公文送达和办理的时限要求。公文行文时根据紧急程度分为"特急""加急"。"特急"是指内容重要并特别紧急，已临近规定的办结时限，需特别优先传递处理的公文；"加急"是指内容重要并紧急，需打破工作常规，优先传递处理的公文。如电报的紧急程度分为"特提""特急""加急""平急"。"特提"适用于要求即刻办理的十分紧急事项，注明"特提"等级的电报，发电单位要提前通知收文单位机要部门；"特急"适用于2日内要办的紧急事项；"加急"适用于4日内要办的较急事项；"平急"适用于6日内要办的稍缓事项。划分公文的紧急程度，有利于分清轻重缓急，以确保紧急公文的及时优先传递和处理。公文的紧急程度一般用3号黑体字，顶格编排在公文首页版心左上角。一份公文如需同时标注份号、密级和保密期限、紧急程度，则按照它们的顺序自上而下分行排列。

（四）发文机关标志

发文机关标志即人们通常所说的"红头"，是公文版头部分的核心，由发文机关全称或者规范化简称加"文件"二字组成，也可使用发文机关全称或者规范化简称。发文机关标志居中排布，小标宋体字，颜色为红色。联合行文时，可并用联合发文机关名称，也可单独使用主办机关名称。需要同时标注联合发文机关名称的，一般应使主办机关名称在前，如有"文件"二字置于发文机关名称右侧，以联署发文机关名称为准上下居中排布。

（五）发文字号

发文字号是党政机关制发公文的编号，由发文机关代字、年份、发文顺序号组成。年份、发文顺序号用阿拉伯数字标注；年份应标全，用六角括号〔　〕括入；发文顺序号不加"第"，不编虚位，在阿拉伯数字后面加"号"，如"××〔2021〕10号"。发文顺序号单一机关行文由发文机关的办公厅（室）负责统一编排；联合行文，一般以主办机关为主体依据编制发文顺序号。发文字号采用3号仿宋体，置于发文机关标志下空二行的位置，居中排列，如果是上行文，则居左空一字排列，右侧对称位置标注签发人，发文字号与最后一个签发人姓名同处一行。联合行文时，应使用主办机关的发文字号。

发文字号是公文的"身份标识"，发文字号在文件登记、文件查询引用、归档管理等环节有其重要作用，有利于提高公文处理工作的效率，正确编制发文字号很重要。

（六）签发人

签发人就是签发文件的人，发文机关的负责人签署姓名，签发人一般为单位的正职或者主要领导授权人。上行文应当标注签发人姓名，如果只有一个发文机关，由该机关负责人签署；如果是联合行文，则每个单位的负责人都应签署姓名。上报的公文标识签发人姓名，平行排列于发文字号右侧。由"签发人"三字加全角冒号和签发人姓名组成，居右空一字，编排在发文机关标志下空二行位置。"签发人"三字用3号仿宋体字，签发人姓名用3号楷体字。如有多个签发人，签发人姓名按照发文机关的排列顺序从左到右、自上而下依次均匀编排，一般每行排两个姓名，回行时与上一行第一个签发人姓名对齐。

（七）标题

公文标题由发文机关、发文事由和文种三个基本要素组成，应当准确简要地概括公文的主要内容并标明公文种类，公文标题中除法律、法规、规章和规范性文件名称加书名号外，一般不用标点符号。一般有以下几种拟写形式：

1. 完整式标题。即由"发文机关名称+发文事由+文种"构成。如《国家税务总局××市税务局关于延续降低失业保险费率政策相关工作的通知》。

2. 复式标题。复式标题通常应用于转发、批转文件，发布和印发规范性文件，事由部分则有批转、转发、发布的文件原标题构成。如《××市医疗保障局　国家税务总局××市税务局转发〈关于做好企业职工医疗保险费缓缴工作的通知〉的通知》。

3. 特殊式标题。对于内容十分重要，时限紧迫，或有所补充的公文，一般应在标题中加"重要""紧急""补充"等字样，表明该公文的性质，有提示受文者注意的作用。如《财政部　国家税务总局关于资管产品增值税政策有关问题的补充通知》。

转发公文，标题一般为：本机关名称+转发+被转发文件的标题+的通知；多层转发的，根据主要事由自拟标题，但标题中应含"转发"字样；不得以被转发文件的发文字号作为标题。

标题一般用 2 号小标宋体字，编排于红色分隔线下空二行位置，分一行或多行居中排布；回行时，要做到词意完整、排列对称、长短适宜、间距恰当，标题排列应使用梯形或菱形。

（八）主送机关

主送机关是指公文的主要受理机关，即对公文负主办或答复责任的机关，应当使用机关全称、规范化简称或者同类型机关统称，主送时税务机关的名称要使用全称。主送机关是公文格式的重要内容，编排于标题下空一行位置，居左顶格，回行时仍顶格，最后一个机关名称后标全角冒号。如机关名称过多导致公文首页不能显示正文时，应将主送机关名称移至版记部分。

（九）正文

公文的正文由依据、事项和结尾组成，是公文的主体，用来表述公文的内容。公文首页必须显示正文。

1. 依据。可以分为理论依据和事实依据两大类型。理论依据包括：①政策法规；②文件会议精神；③领导指示；④主体自发的议论。事实依据包括：①来文来函；②现实状况；③过去事实；④领导研究；⑤会议通过等。

2. 事项。公文的核心部分，一定要言简意赅、清晰明确，内容多且重要的分条列项即列出层义，或用小标题或用句子表达。

3. 结尾。一是文种专用语，如"请予批准""以上请示当否，请批示""特此通知"等；二是希望、号召类；三是根据情况可以没有结尾。

正文使用 3 号仿宋体字，编排于主送机关名称下一行，每个自然段左空二字，回行顶格。文中结构层次序数依次可以用"一、""（一）""1.""（1）"标注；标题一般第一层用黑体字、第二层用楷体字、第三层和第四层用仿宋体字标注。在公文的正文中，税务机关的名称可以使用规范化简称。

（十）附件说明

附件说明包括公文附件的顺序号和名称。如有附件，在正文下空一行左空二字位置编排"附件"二字，后标全角冒号和附件名称。如有多个附件，应使用阿拉伯数字加圆点标注附件顺序号，如"附件：1.×××××"；第2个附件的序号和名称与第1个附件对齐，附件名称后不加标点符号。附件名称较长需回行时，应与上行附件名称的首字对齐。附件说明处的标题应与正文内的提法、附件本身的标题一致。正文标题中已经标明所印发、转发的公文标题或主要内容的，文末不再将所印发或转发的公文列为附件，如公告所发布的"办法""规定"和税收协定文本等，作为正文不作为附件时，就不在"附件说明"中注明标题。

（十一）发文机关署名

发文机关署名是指在公文正文结束之后，署发文机关全称或者规范化简称，发文机关署名须与版头的发文机关标志、标题中的发文机关名称一致，前后统一。单一机关行文时，在成文日期之上、以成文日期为准居中编排发文机关署名。联合行文时，应将各发文机关署名按发文机关顺序整齐排列在相应位置。

（十二）成文日期

成文日期是公文生效的重要标志。成文日期署会议通过或者发文机关负责人签发日期。联合行文时，成文日期署最后签发机关负责人的签发日期；电报，以发出日期为准。成文日期一般右空四字编排于发文机关署名之下，用阿拉伯数字将年、月、日标全，月、日不编虚位（即1不编为01）。

（十三）印章

公文印章是体现公文效力的表现形式，是公文生效的标志，是鉴定公文真伪最重要的依据之一。公文中有发文机关署名的，应当加盖发文机关印章，并与署名机关相符。印章用红色，不得出现空白印章。单一机关行文时，印章端正、居中下压发文机关署名和成文日期，使发文机关署名和成文日期居印章中心偏下位置，印章顶端应上距正文（或附件说明）一行之内。

联合行文时，应使印章与各发文机关署名一一对应，端正、居中下压发文机关署名，最后一个印章端正、居中下压发文机关署名和成文日期，印章之间排列整齐、互不相交或相切，每排印章两端不得超出版心，首排印章顶端应上距正文（或附件说明）一行之内。

公文排版后所剩空白处不能容下印章或签发人签名章、成文日期时，应当对行距、字距进行调整。电报应当署签发人姓名，不需加盖发文机关印章，但应当在电报首页右上角"签批盖章"处加盖机关"发电专用章"，复印的证明文件要盖骑缝章。

（十四）附注

公文附注是指公文印发传达范围以及在正文中不宜说明的其他事项，如"对税务系统内只发电子文件"字样或联系人和联系电话等。附注的位置居左空二字加圆括号，标注在成文日期下一行。附注内容各条之间用逗号分隔，结尾不用句号。信息公开选项作为附注，用3号黑体字，左空一字编排在版记之上。

（十五）附件

公文附件是公文正文的说明、补充或者参考资料。不是所有的公文都有附件，如确需有附件，附件的标题和件数应写在正文之后、发文机关署名之前，并注明附件顺序和标题。附件如不止一件，应用阿拉伯数码标注序号。印发规章等公文或转发、批转公文时，正文标题中已经标明的，文末不再将其列为附件。

（十六）抄送机关

公文的抄送机关是除主送机关外需要执行或者知晓公文内容的其他机关，可以是上级、平级、下级及不相隶属机关，应当使用全称、规范化简称或者同类型机关统称。但要注意，上行文不能抄送下级机关。抄送机关的数量应根据实际情况严格控制，同时也要避免漏送现象发生。抄送范围得当，有助于公文处理，否则将贻误沟通或造成人力、物力的浪费。

抄送机关按上级机关、平级机关、下级机关次序排列；同级机关之间一般按照党委、人大、政府、政协、军队、法院、检察院、人民团体、民主党派等次序排列。抄送机关应当根据工作需要确定，不得随意扩大范围。

抄送机关编排在公文最后一页的下方位置，一般用4号仿宋体字，在印发部门和印发日期之上一行、左右各空一字编排。"抄送"二字后加全角冒号和抄送机关名称，回行时与冒号后的首字对齐，最后一个抄送机关名称后标句号。

如需把主送机关移至版记，除将"抄送"二字改为"主送"外，编排方法同抄送机关。既有主送机关又有抄送机关时，应将主送机关置于抄送机关之上一行，之间不加分隔线。

（十七）承办部门名称和印发部门名称及印发日期

版记中承办部门应标明具体由机关哪个部门承办，如"国家税务总局××司"；印发部门名称即负责公文的印制工作的具体部门名称；印发日期即领导签字后打印上报或印发的日期。

承办部门、印发部门和印发日期一般用 4 号仿宋体字，编排在末条分隔线之上，承办部门左空一字，印发部门和印发日期右空一字，用阿拉伯数字将年、月、日标全，年份应标全称，月、日不编虚位（即 1 不编为 01），后加"印发"二字。

（十八）页码

页码就是公文页数的顺序号，公文需要标注页码，一是由于页码是公文整体不可或缺的一部分；二是便于对公文进行查阅、统计、检索、印制和装订；三是有助于公文的防伪。公文的附件与正文一起装订时，页码应当连续编排，一般用 4 号半角宋体阿拉伯数字，编排在公文版心下边缘之下，数字左右各放一条一字线；一字线上距版心下边缘 7mm。单页码居右空一字，双页码居左空一字。公文的版记页前有空白页的，空白页和版记页均不编排页码。

三、行文规则

行文规则，是指党政机关公文在行文中必须遵循的行为规范。《党政机关公文处理工作条例》第四章第十三条至第十七条，规定了党政机关公文的行文规则，这是所有党政机关公文行文的主要依据。根据国家税务总局公文处理办法规定，税务常用公文行文规则主要有以下几方面：

（一）行文总规则

1. 行文应当确有必要，讲求实效，注重针对性和可操作性。要严格落实中央八项规定及其实施细则精神，坚决反对形式主义，切实改进文风，进一步精简文件，严格控制篇幅，遵循不同类型文件字数要求。

法律、法规中已有明确规定的，不再制发文件；现行文件规定仍然适用的，不再重复发文；已标注公开发布的文件，不再翻印；机关负责人的讲话，一般在内网发布，不以正式公文形式下发；对使用电话、内部网站等途径可以办理的事项，不发正式公文；贯彻落实上级文件除有明确要求的外，不再制定贯彻落实意见及其实施细则；除全局性重要工作外，一般性工作不下发通报。

2. 各级税务机关应当根据隶属关系和工作需要，在职权范围内行文。涉及其他单位职权范围的，应当会签有关单位或者联合行文。

3. 各级税务机关一般不得越级行文。因特殊情况（如重大灾害、重大案件、重大事故等）必须越级行文时，应当抄送被越过的上级机关（下级机关反映其直接上级机关和领导人问题的除外）。上级机关批复越级上报的请示时，也应当抄送被越过的机关。

（二）上行文行文规则

1. 原则上主送一个上级机关，根据需要同时抄送相关上级机关和同级机关，不抄送下级机关。

2. 下级税务机关向上级税务机关请示、报告重大事项，应当同时遵循本级党委、政府的有关规定；属于职权范围内的事项应当直接报送上级税务机关。

3. 下级机关的请示事项，如需以本机关名义向上级机关请示，应当提出倾向性意见后上报，不得原文转报上级机关。

4. 请示必须在事前，应当一文一事，不得在报告等非请示性公文中夹带请示事项。正文末应当有请示语。

5. 除上级机关负责人直接交办事项外，不得以本机关名义向上级机关负责人报送公文，不得以本机关负责人名义向上级机关报送公文。

6. 受双重领导的机关向一个上级机关行文，必要时抄送另一个上级机关。

7. 在公文附注处注明联系人的姓名和电话。

（三）下行文行文规则

1. 主送受理机关，根据需要抄送相关机关。重要行文应当同时抄送发文机关的直接上级机关。

2. 各级税务机关不得向下级党委、政府发布指令性公文或者在公文中向下级党委、政府提出指令性要求。须经党委、政府审批的具体事项，经党委、政府同意后可以由税务机关行文，文中须注明已经党委、政府同意。

各级税务机关可以以函的形式向下一级党委、政府行文，商洽工作、询问和答复问题、审批事项。

3. 涉及其他部门职权范围内的事务，未协商一致的，不得向下行文；擅自行文的，上级税务机关应当责令其纠正或者撤销。

4. 上级机关向受双重领导的下级机关行文，必要时抄送该下级机关的另一个上级机关。

（四）其他行文规则

1. 各级税务机关可以与同级党政各部门、下一级党委政府、相应的军队机关、同级人民团体和具有行政职能的事业单位联合行文。联合行文应当明确主办单位。

2. 各级税务机关在职权范围内，可以向其他党政部门行文。

3. 各级税务机关的办公厅（室）根据授权可以代表本级机关行文。

4. 各级税务机关的内设机构除办公厅（室）和法律规定具有独立执法权的机构外不得对外正式行文。

5. 各级税务机关的内设机构根据工作需要，在规定的职权范围内，向上、下级税务机关的内设机构和其他机关的有关内设机构行非正式公文时使用便函，机关内设机构之间根据工作需要也可以使用便函。便函不得以"国家税务总局×××省（自治区、直辖市、计划单列市）税务局"为行文对象。

便函适用于商洽工作，通报情况，询问和答复一般事务性问题，安排其他一般性、事务性、临时性内部工作。

便函不得发布行政许可、行政审批、行政处罚等事项；不得规定税务系统内部管理审批事项；不得进行税收政策解释；不得进行税收征管问题解释；不得部署直接面向纳税人的具体税收征管工作；不得部署检查、调查、核查纳税人工作；不得发布书刊征订等事宜。

税务机关各内设机构所发便函的版头，由税务机关名称和内设机构名称组成，不加"文件"字样。便函的发文字号按内设机构代字自行编号，成文日期上署内设机构名称，加盖内设机构印章，无版记。

6. 对于人大代表的议案、建议和政协委员的提案，各级税务机关应当按照各级人大、政协规定的程序、时限、格式等要求办理。

7. 全国税务系统党的组织和行政机关的发文机关标志、发文字号和印章不得混用。

税务系统内部，除特殊情况外，党的组织和行政机关之间一般不交叉行文。

（五）常见错误

在行文规则方面应注意避免以下常见错误：

1. 同时主送多个上级单位。向上级单位行文，原则上只主送一个上级单位。

2. 领导个人向上级机关行文。除上级单位负责人直接交办的重要事项外，不得以本单位负责人名义向上级单位报送公文。因为单位之间往来的公文是单位对某项工作意愿的体现，是组织行为、集体行为。

3. 同时请示多个事项。"请示"应当一文一事，即在一份"请示"里面只能有一个请示事项。因为"请示"呈送到上级单位以后，上级单位在办理"请示"的过程中，不同的请示事项会由不同的部门来承办，而且不同请示事项的办理时间节点也不一样。如果把多个不同的事项放在一份"请示"里面报送，就会给"请示"的办理造成诸多不便，影响工作效率。所以一份"请示"里面只能有一个请示事项。当然，关于同一个事项的几个不同内容可以一起请示。

4. 报告中夹带请示事项。"报告"是阅知性文种，上级单位可以不予答复。"请示"是请求性文种，上级单位必须答复。报告上级单位知晓的事项用"报告"，请求上级单位支持解决的事项用"请示"，不能将请求上级单位支持解决的事项写在"报告"里面，也不能将报告上级单位知晓的事项写在"请示"里面。

5. 越级行文。一般不得越级行文，特殊情况需要越级行文的，应当同时抄送被越过的机关。

6. 非同级单位联合行文。同级党政机关、党政机关与其他同级机关必要时可以联合行文。非同级单位不得联合行文。属于党委、政府各自职权范围内的工作，不得联合行文。

第二节　税务机关公文的起草

公文起草是指公文起草者遵照领导人或领导机关的指示精神，从领命、准备、构思到写就公文初稿的行文过程。公文起草是公文形成的第一步，是制发公文的基础和核心环节。

一、公文起草的要求

（一）符合党的路线方针政策和国家法律法规，完整准确体现发文机关意图，并同现行有关公文相衔接

党的路线方针政策和国家法律法规，是各项工作的依据和准绳，更是公文起草的依据和准绳。符合党的路线方针政策和国家法律法规，是公文起草首先要遵循的原则。

发文机关的意图是发文机关领导集体的意图，即发文要达到的目的和设想。要做到完整、准确地体现发文机关的意图，公文起草者必须全面、仔细地了解和听取机关领导集体的意见和要求，特别要听取机关主要领导人的意见，从领导角度和全局高度来认识形势、分析问题、提出对策。

公文起草必须同现行有关公文相衔接包含以下三个方面的含义：其一，同

现行有关公文相衔接，是指同有现行效用的公文相衔接。这里的公文包括本机关与其他机关的有现行效用的有关公文。需要说明的是，各级机关起草的公文必须符合各自上级机关的有关指示，并同本地、本部门实际结合起来。其二，在同一个问题上，有关公文可以从不同侧面做出某些规定，但它们之间应当相互配合，统一于上级机关的某一规定之中，不能相互矛盾。其三，根据新情况、新问题、新形势对现行公文的有关规定做某些改变，制定新的政策、规定等，既要符合实际情况、切实可行，又要在新制定的公文中以适当的形式有所交代或说明。例如，在公文的末尾可以加上交代性语句："凡过去的文件规定与本文不一致的，以本文为准。"

（二）一切从实际出发，分析问题实事求是，所提政策措施和办法切实可行

只有坚持一切从实际出发，分析问题实事求是，全面、准确、客观地反映实际情况，找到解决问题的有效方法，公文才能发挥应有的作用。

制发公文是为了解决问题的，解决问题离不开必要的政策措施和办法。政策措施和办法的制定必须符合现实条件的要求，充分估计各种因素的影响和制约。

（三）内容简洁，主题突出，观点鲜明，结构严谨，表述准确，文字精练

内容简洁，就是言简意明、简短精练、简而不疏、要言不烦、务实管用、意尽言止。

主题突出，就是要主旨明确，中心观点和分观点开门见山，直述不曲，一目了然。

观点鲜明，就是提出的各种意见、要求、措施等，都要清楚明白。

结构严谨，就是围绕主题表达的需要，合理地安排和展开材料，公文层次、段落的划分和安排前后呼应、逻辑严密、自然连贯。这里所说的结构，包括如何开头和结尾、怎样安排层次和段落，以及如何进行过渡和照应等。

表述准确，就是观点和论述要符合实际情况和机关意图，措辞得体，无虚假错漏，不产生歧义，遵守语法和文字、标点符号、计量单位等规范。在表达手段上，主要用叙述、说明、议论等文体，一般情况下不使用描写、夸张、比喻、讽刺、虚拟、幽默等修饰方法。

文字精练，就是简明扼要，用最精练的文字来表达发文机关的意图，力求做到词无可删、句无可减，使公文中的每一句话、每一个词都有其作用。

（四）文种正确，格式规范

文种正确和格式规范，既是公文的"包装"，又是公文的"规矩"。如果在文种、格式上出现问题，就会严重影响公文的严肃性和效力。正确选用文种、格式，是公文起草的基本要求。

（五）深入调查研究，充分进行论证，广泛听取意见

在公文起草阶段，要通过实地考察、座谈研讨、书面征求意见等方式，对公文中提出的政策措施和办法进行民主讨论，反复比较、鉴别和论证，在此基础上，对公文进行修改、充实和完善。

（六）公文涉及其他部门职权范围内的事项，起草单位必须征求相关部门意见，力求达成一致

涉及其他部门职权范围内的事项，未协商一致的，不得向下行文；擅自行文的，上级税务机关应当责令其纠正或者撤销。

（七）机关负责人应当主持、指导重要公文起草工作

其目的在于把好公文质量关，强化责任意识和质量意识。

二、公文起草常见错误例析

公文是各级党政机关实施领导、履行职责、处理公务的有效手段和重要工具，其背后是政府公信力，体现着治理能力和水平。公文出错绝非小事，会严重影响党政机关形象。以下这些错误，大家应该避免在工作中出现。

（一）公文标题

公文标题正误示例见表2-1。

表2-1　公文标题正误示例

错误类型	错误写法	正确写法
文种重复	《关于增加……名额的请示报告》	《关于增加……名额的请示》
介词连用	《关于对……的批复》	《关于……的批复》
缺介词	《×××授予×××同志×××称号的通报》	《×××关于授予×××同志×××称号的通报》
用词不当	1. 《关于请求解决×××经费的请示》 2. 《关于上报×××情况的报告》	1. 《关于解决×××经费的请示》 2. 《关于×××情况的报告》
错用标点符号	1. 《转报××公司关于〈××〉的请示》 2. 《关于××三期、××项目联合采购……的请示》	1. 《转报××公司关于××的请示》 2. 《关于××三期××项目联合采购……的请示》

（二）正文内容

正文内容正误示例见表2-2。

表2-2　正文内容正误示例

错误类型	错误写法	正确写法
引文不规范	根据《总局关于优化纳税缴费服务配合做好新型冠状病毒感染肺炎疫情防控工作的通知》	根据《国家税务总局关于优化纳税缴费服务配合做好新型冠状病毒感染肺炎疫情防控工作的通知》（税总函〔2020〕19号）精神
标注简称不规范	《新时代××建设实施纲要》（下称《纲要》）	《新时代××建设实施纲要》（以下简称《纲要》）
层次序号错误	第一层"一、"、第二层"1."、第三层"（一）"、第四层"（1）"	第一层"一、"、第二层"（一）"、第三层"1."、第四层"（1）"
时间表述不当	1. 截止2020年10月31日 2. 上世纪八十年代以来	1. 截至2020年10月31日 2. 20世纪80年代以来
年月日表述不当	用汉字表述年、月、日：如"二〇二一年八月十八日"	"2021年8月18日"
少用标点符号	如"此复" "特此报告"	"此复。" "特此报告。"
有多个附件，排列不当	附件： 1. ×××× 2. ××××	附件：1. ×××× 　　　2. ××××
无正文处理不当	（此页无正文）	通过编辑排版，把前一页的内容排一行到此页即可

（三）版记部分

版记部分正误示例见表2-3。

表2-3　版记部分正误示例

错误类型	错误写法	正确写法
抄送部分处理不当	抄送：国家发展和改革委员会、审计署、财政部、国家统计局、中央纪委国家监委驻国家税务总局纪检监察组办公室	抄送：国家发展和改革委员会、审计署、财政部、国家统计局，中央纪委国家监委驻国家税务总局纪检监察组办公室。

（四）公文起草常见标点符号误用例析

1. 多个书名号或引号并列时使用顿号分隔

❌ 错例1：

为加强网络直播营销管理，维护国家安全和公共利益，保护公民、法人和其他组织的合法权益，促进网络直播营销健康有序发展，根据《中华人民共和国网络安全法》、《中华人民共和国电子商务法》、《中华人民共和国广告法》、《中华人民共和国反不正当竞争法》、《网络信息内容生态治理规定》等法律、行政法规和国家有关规定，制定本办法。

✅ 正确写法：

为加强网络直播营销管理，维护国家安全和公共利益，保护公民、法人和其他组织的合法权益，促进网络直播营销健康有序发展，根据《中华人民共和国网络安全法》《中华人民共和国电子商务法》《中华人民共和国广告法》《中华人民共和国反不正当竞争法》《网络信息内容生态治理规定》等法律、行政法规和国家有关规定，制定本办法。

❌ 错例2：

各地税务机关要加强涉税专业服务实名管理，明晰纳税申报代理权利与责任，规范涉税专业服务机构及其从业人员申报代理行为，在委托人授权的范围内开展代理业务，如实准确填写申报表中"经办人"、"经办人身份证号"、"代理机构签章"、"代理机构统一社会信用代码"等信息，切实防范"越权代理"、"隐身代理"问题。

✅ 正确写法：

各地税务机关要加强涉税专业服务实名管理，明晰纳税申报代理权利与责任，规范涉税专业服务机构及其从业人员申报代理行为，在委托人授权的范围内开展代理业务，如实准确填写申报表中"经办人""经办人身份证号""代理机构签章""代理机构统一社会信用代码"等信息，切实防范"越权代理""隐身代理"问题。

❌ 错例3：

严格执行个人所得税有关政策，实施股权（股票，下同）激励的企业应当在决定实施股权激励的次月15

✅ 正确写法：

严格执行个人所得税有关政策，实施股权（股票，下同）激励的企业应当在决定实施股权激励的次月15

日内，向主管税务机关报送《股权激励情况报告表》（见附件），并按照《财政部　国家税务总局关于个人股票期权所得征收个人所得税问题的通知》（财税〔2005〕35 号）《财政部　国家税务总局关于完善股权激励和技术入股有关所得税政策的通知》（财税〔2016〕101 号）等现行规定向主管税务机关报送相关资料。

日内，向主管税务机关报送《股权激励情况报告表》（见附件），并按照《财政部　国家税务总局关于个人股票期权所得征收个人所得税问题的通知》（财税〔2005〕35 号）、《财政部　国家税务总局关于完善股权激励和技术入股有关所得税政策的通知》（财税〔2016〕101 号）等现行规定向主管税务机关报送相关资料。

【解析】标有引号的并列成分之间、标有书名号的并列成分之间通常不用顿号。若有其他成分插在并列的引号之间或并列的书名号之间，宜用顿号。

2. 在标示数值和起止年限时使用连接号不规范

❌ 错例 4：

《制造业设计能力提升专项行动计划（2019-2022 年）》。

✅ 正确写法：

《制造业设计能力提升专项行动计划（2019—2022 年）》。

❌ 错例 5：

各省级税务局分类分岗分批开展专业人才培训，以 2-3 年为周期，组织……。

✅ 正确写法：

各省级税务局分类分岗分批开展专业人才培训，以 2~3 年为周期，组织……。

【解析】标示时间、地域的起止一般用一字线（占一个字符位置），标示数值范围起止一般用浪纹线。

3. 在并列分句中使用逗号统领

❌ 错例 6：

各职能部门在查处取缔无证无照经营工作中要各司其职、互相配合，

✅ 正确写法：

各职能部门在查处取缔无证无照经营工作中要各司其职、互相配合：

工商部门负责查处取缔未取得有效许可证擅自从事经营活动的行为；工信部门负责依法监督管理无线电和电子电器产品维修行业；公安部门负责依法监督管理旅馆业、公章刻制业。

工商部门负责查处取缔未取得有效许可证擅自从事经营活动的行为；工信部门负责依法监督管理无线电和电子电器产品维修行业；公安部门负责依法监督管理旅馆业、公章刻制业。

【解析】用分号隔开的几个并列分句不能由逗号统领或总结。

4. 在并列分句中使用句号后再使用分号

❌ 错例 7：

一是养老保险安置。对进入企业工作的失地农民要同企业员工一样纳入企业职工基本养老保险；二是医疗保险安置。城镇居民医疗保险制度已建立，可参加城镇居民医疗保险。

✅ 正确写法：

一是养老保险安置。对进入企业工作的失地农民要同企业员工一样纳入企业职工基本养老保险。二是医疗保险安置。城镇居民医疗保险制度已建立，可参加城镇居民医疗保险。

【解析】分项列举的各项或多项已包含句号时，各项的末尾不能再用分号。

5. 同一形式的括号套用

❌ 错例 8：

围绕政府半年工作开展回头看，认真总结上半年工作，科学谋划下半年工作。(责任单位：各镇（街道）)

✅ 正确写法：

围绕政府半年工作开展回头看，认真总结上半年工作，科学谋划下半年工作。[责任单位：各镇（街道）]

【解析】同一形式的括号应尽量避免套用，必须套用括号时，应采用不同的括号形式配合使用。

6. 阿拉伯数字表示次序时使用点号不当

❌ 错例9：

1、督促主办单位按时办结。

✅ 正确写法：

1. 督促主办单位按时办结。

❌ 错例10：

（1）、督促协办单位按时办结。

✅ 正确写法：

（1）督促协办单位按时办结。

【解析】带括号的汉字数字或阿拉伯数字表示次序语时不加点号，不带括号的阿拉伯数字、拉丁字母做次序语时，后面用下角点（圆心点）。

7. 在图、表说明文字末尾使用句号

❌ 错例11：

（图表略）

注：以上各项数据统计截止时间为2020年12月31日；城市人口指常住户籍人口；规模工业企业个数统计为新口径。

✅ 正确写法：

（图表略）

注：以上各项数据统计截止时间为2020年12月31日；城市人口指常住户籍人口；规模工业企业个数统计为新口径

【解析】图或表的短语式说明文字，末尾不用句号。即使有时说明文字较长，前面的语段已出现句号，最后结尾处仍不用句号。

8. 在标示发文年号时使用括号不规范

❌ 错例12：

根据××发［2013］3号文件精神，……

✅ 正确写法：

根据××发〔2013〕3号文件精神，……

【解析】标示公文发文字号中的发文年份时，应使用六角括号。

9. 书名号内用顿号表示停顿

❌ 错例 13：

按照《财政部、税务总局关于通过公益性群众团体的公益性捐赠税前扣除有关事项的公告》有关要求，现将……名单公告如下：

✅ 正确写法：

按照《财政部　税务总局关于通过公益性群众团体的公益性捐赠税前扣除有关事项的公告》有关要求，现将……名单公告如下：

【解析】书名号内标示停顿时用空格。

10. 句内括号行文末尾使用标点符号不当

❌ 错例 14：

为贯彻落实党中央、国务院决策部署，支持制造业中小微企业发展，促进工业经济平稳运行，现就制造业中小微企业（含个人独资企业、合伙企业、个体工商户，下同。）延缓缴纳 2021 年第四季度部分税费有关事项公告如下：

✅ 正确写法：

为贯彻落实党中央、国务院决策部署，支持制造业中小微企业发展，促进工业经济平稳运行，现就制造业中小微企业（含个人独资企业、合伙企业、个体工商户，下同）延缓缴纳 2021 年第四季度部分税费有关事项公告如下：

【解析】括号内行文末尾需要时可用问号、叹号和省略号。除此之外，句内括号行文末尾通常不用标点符号。

11. 附件名称后使用标点符号

❌ 错例 15：

附件：1. 全国税务系统文明单位名单；

✅ 正确写法：

附件：1. 全国税务系统文明单位名单

【解析】附件名称后不用任何标点符号。

12. 二级标题在换行分段情况下使用句号

❌ 错例 16：

（一）整合监管职能和机构。

为减少监管环节，保证上下协调联动……

✅ 正确写法：

（一）整合监管职能和机构

为减少监管环节，保证上下协调联动……

或者：

（一）整合监管职能和机构。为减少监管环节，保证上下协调联动……

【解析】二级标题在换行分段时不使用句号，如使用句号则不需要换行分段。

第三节　税务机关公文写作示例

税务机关公文是税务机关推动工作运转的载体媒介，各文种有其不同作用，准确掌握13个文种的基本含义、主要特点、写作要求，并在实际工作中正确应用意义重大。

一、命令（令）

（一）基本含义

命令（令），适用于依照有关法律、行政法规发布税务规章，宣布施行重大强制性行政措施，嘉奖有关单位及人员。发布税务规章，应当按照税务规章产生的程序进行。命令（令）使用层级较高，目前只有国家税务总局发布税务规章时采用，省税务机关不适用"令"。命令（令）属下行文，一般无主送、抄送。

（二）主要特点

1. 严肃性。命令（令）所涉及的事项，有的是发布行政法规和规章，有的是宣布施行重大强制性行政措施，或是高规格嘉奖有关单位和人员。命令使用要审慎严肃，不能轻易发布，"慎乃出令，令出惟行"。

2. 权威性。命令（令）的发布机关必须具有一定的权威性，使用权限受到严格限制。根据《中华人民共和国宪法》的规定，只有中华人民共和国主席、全国人大常委会委员长、国务院总理、国务院各部委及地方县级以上人民政府可依据法律规定的权限发布命令，其他单位和个人均不得发布命令。

3. 强制性。命令（令）具有明显的强制性，命令（令）发布后在适用范围内需要遵照执行，"令行禁止"。上级命令一旦发布，其他单位或个人不得修改或歪曲，如果其他公文内容与命令的有关精神相抵触，必须以命令为准。

（三）写作要求

1. 行文结构。命令一般由标题、正文和落款三部分组成。

（1）标题。标题由发文机关全称加"令"字构成。

（2）正文。正文较简短，一般由发布对象、发布依据和发布决定三部分组成。发布对象，即说明发布的规章的全称，一般写于该令的文首；发布依据，即说明通过、批准发布对象的机关或会议，写在该规章之后，在发布令中，应注明"经国家税务总局第××次局务会议通过"；发布决定，即说明发布对象的实施日期。

（3）落款。要标明发文机关主要领导人的职务、姓名（国家税务总局局长签名章），落款下注明成文日期。

2. 注意事项。

（1）在各级税务机关的公文中，只有国家税务总局有权使用命令（令）这一文种，一个令只能发布一个规章，并且必须由国家税务总局局长签署。

（2）命令在写作过程中应措辞庄重，语言规范，言简意赅。

（3）如果是一般性的表彰先进或批评错误，不使用命令而用决定、通报等文种。

二、决议

（一）基本含义

决议是税务机关经过会议讨论通过后，对某些重大事项、重大问题作出决策，并要求贯彻执行的公文，它体现的是集体意志。决议一般包括公布性决议和批准性决议。

（二）主要特点

1. 集体性。决议的内容主要针对某些重大问题、重大事项通过会议审议集体作出的决策，是用于统一组织和个人思想行为的号令准绳，体现的是不可辩驳的集体力量和集体意志。

2. 权威性。决议是集体智慧的结晶，作出的决策一经发出就要坚决执行，对组织和个人具有很强的约束力、强制性和权威性。

3. 规范性。决议的形成依照严格的组织程序，其所贯彻的决策事项，必须经过集体讨论表决，并以会议名义发布。

（三）写作要求

1. 行文结构。决议一般由标题、通过日期、正文三部分组成。

（1）标题。由发文机关（或会议名称）、发文事由和文种组成。

（2）通过日期。一般写在标题下，在小括号内注明会议名称及通过时间，也可只写年月日。

（3）正文。因类型差异略有不同。公布性决议先写通过决议的简单理由、决议内容、注意事项及处理办法；批准性决议先写什么会议通过决议的审议依据、对被审议案的具体评价等，并以会议"指出""认为"之语引出相关要求或号召等内容。

2. 注意事项。

（1）要了解形成条件。决议产生于会议，但并不是所有会议都要形成决议，经过法定程序或依据其他组织原则，按照一定程序形成的会议才能形成"决议"；一般工作会议、专题会议或其他临时性会议决定的事项，不使用"决议"文种，而采用"会议纪要"的形式行文。

（2）要把握决议中心。抓住了会议研究和解决的主要问题，就抓住了决议的中心。一般在会议结束前，主持人会作总结性讲话，对需决定的事项进行"拍板"，这是撰写决议的根本依据，会议没有通过的意见不能写进决议。

（3）行文要简洁明了。内容单一，篇幅简短，明确会议时间、主要议题、决议内容等。一般只写决议的结果，不写讨论过程。

三、决定

（一）基本含义

决定，适用于对重要事项作出决策和部署、奖惩有关单位和人员、变更或者撤销下级机关不适当的决定事项。决定属下行文。

决定分为指挥性决定和知照性决定两种。指挥性决定主要用于对下级机关指示、布置工作，带有指示和命令性质，具有很强的约束力；知照性决定主要用于将最新决定、安排等事项告知下级部门。知照性决定又可分为表彰决定、处分决定、变更撤销决定等。

（二）主要特点

1. 适用范围广泛。决定适用于税务系统各级组织和机关。

2. 使用方式灵活。决定既可以对事，又可以对人；既可以用于解决重大决策、部署等问题，又可以用于处理具体的人和事。

3. 有较强约束力。决定一旦作出，不能轻易改变，有关的组织和个人必须遵照执行。

（三）写作要求

1. 行文结构。决定一般由标题、正文、落款三部分组成。

（1）标题。标题简明扼要，准确体现发文机关、发文事由和文种。

（2）正文。决定的正文一般由决定依据、决定事项和执行要求三部分组成。决定依据一般要写明发布决定的原因、依据或意义；决定事项要写明具体内容，包括对决定事项确定的原则、作出的规定和安排、提出的明确意见等；执行要求一般用于提出希望和号召，是对决定事项的强调或补充。

（3）落款。包括发文机关署名和成文日期。

2. 注意事项。

（1）"决定"具有"法规""规章"的作用，但绝不能与国家宪法、法律相悖。

（2）撰写"决定"要抓住问题的实质和焦点，作出切合实际的判断和决策。

（3）行文要简练，详略要得当，语气要肯定，用语要准确。

四、公告

（一）基本含义

公告，适用于向国内外宣布重要事项或者法定事项。税务机关应当依照有关法律、法规、规章向国内外公开发布税收规范性文件和其他重要税收事项。公告无主送、抄送。

根据发布内容，税务机关公告可分为重要事项公告和法定事项公告。

（二）主要特点

1. 范围的广泛性。公告一般用于向国内外宣布重要事项和法定事项，主要通过报纸、广播、电视、网络等新闻媒体公开发布。

2. 内容的庄重性。公告所宣布的事项都是有关重大的、国内外关注的事项，体现国家及其权力机关的意志和权威，它的使用还要考虑到国内外可能产生的政治影响，必须庄重和审慎。

3. 事件的单一性。公告强调"一文一事"，不能将几件事容于一篇公告之中。

（三）写作要求

1. 行文结构。公告一般由标题、正文、落款三部分构成。

（1）标题。标题由发文机关、发文事由和文种组成。

（2）正文。正文分为开头、主体和结尾。开头写明行文的原因、依据或意义等，并有"现对××事项（问题、要求等）公告如下"字样；主体叙述告知公告的决定事项，可以分条款撰写；结尾写清实施的期限、范围等，也可以简要地提出希望，然后写上结束用语"特此公告"。

（3）落款。包括发文机关署名和成文日期。

2. 注意事项。

（1）公告发布要慎重。公告一般发布的是税务机关应当依照有关法律、法规、规章向国内外公布税收规范性文件和其他重要税收事项，因此必须严谨慎重。

（2）公告要直陈事项。由于告知面广，撰写时要注意直陈事项、事理周密、条理清楚、文风严谨。

（3）公告内容要严谨。公告内容一般为征纳双方应当遵守的事项，语言要准确、规范，公告中不得含有国家秘密事项。

五、通告

（一）基本含义

通告，适用于在一定范围内公布应当遵守或者周知的事务性事项。通告面向社会并具有一定的约束力，可采用张贴或媒体刊播的形式公布，无主送、抄送。

根据通告内容，税务机关通告可分为周知类通告和规定类通告。周知类通告是用来传达告知业务性、事务性事项，一般没有执行要求，仅供人们知晓、了解；规定类通告是用来公布国家有关政策、法规或要求遵守的约束事项，带有一定的强制性，受文对象应严格遵照执行。

（二）主要特点

1. 周知性。通告属知照性公文，用于要求一定管辖范围内的税务机关、人民群众了解知晓某些事项，自觉规范自己的行为，共同维护社会公共管理秩序。告知和适用范围都很广泛，可采用张贴或媒体刊播的形式公布。

2. 约束性。通告所告知的事项常作为各有关方面行为的准则或对某些具体活动的约束限制，具有行政约束力甚至法律效力，要求被告知者遵守执行。

3. 通俗性。通告公文的内容应当尽量使用明确、流畅、通俗易懂的语言来表达，以达到"周知"与"遵守"的行文目的。

（三）写作要求

1. 行文结构。通告一般由标题、正文、落款三部分构成。

（1）标题。标题由发文机关、发文事由和文种组成。

（2）正文。正文分为开头、主体和结尾三部分内容。开头写明行文的依据、意义等；主体叙述通告的具体事项，是全文的核心部分，要清楚写明需要遵守或周知的事项。撰写这部分内容要做到条理分明、层次清晰，如果内容较多，可采用分条列项的方法，如果内容比较单一，就采用贯通式方法，所提的要求或应执行的事项要明确具体，以便于受文对象理解和执行；结尾要写清实施的期限、范围等，一般要写明对违反规定事项的处置办法，也可对社会各有关方面提出希望，以"特此通告"作为结束语。

（3）落款。包括发文机关署名和成文日期。

2. 注意事项。

（1）语言要明确。通告是具有约束力和指导性很强的文种，内容具有很强的政策性。因此，语言表达要明确具体，文字要简明通俗易懂，遣词造句要准确无误，以便贯彻执行。

（2）层次要清晰。告知事项不论多少，一定要安排好逻辑顺序，内容较多的最好分条撰写。

六、意见

（一）基本含义

意见，适用于对重要问题提出见解和处理办法。意见可以用于上行文、下行文和平行文。

一般情况下，根据内容意见分为参考建议性意见、表明意向性意见、工作指导性意见。参考建议性意见一般是下级机关按照上级机关或有关主管部门的要求，对某些问题所作的答复性意见；表明意向性意见是指发文机关向有关部门提出的意见或建议；工作指导性意见主要是指上级机关向下级机关提出指导性的处理办法。

（二）主要特点

1. 指导性。意见用于下行文时，则要求下级结合实际，遵照贯彻执行，其政策指导性较强，对下级机关开展工作起指导作用。

2. 针对性。意见的制发往往针对工作中亟待解决的问题，拿出切实可行的解决办法和措施。意见的提出要对症下药，同时要掌握时效性。

3. 可操作性。意见中不仅要提出见解，而且还要有处理办法，这些办法要科学合理，符合实际，具有实际可操作性。

（三）写作要求

1. 行文结构。意见一般由标题、正文和落款组成。

（1）标题。标题通常由发文机关、发文事由和文种三要素构成。

（2）正文。正文包括开头、主体、结尾。开头用简明扼要的文字，说明意见的行文缘由、依据等；主体部分要明确详尽地写出意见的具体内容，如阐明对收文机关工作的基本主张、原则性要求、政策性措施或者是注意事项等；结尾即结束语，上行文的结束语要谦恭，如"上述意见，供参考"等，下行文或平行文可不用结束语。

（3）落款。包括发文机关署名和成文日期。

2. 注意事项。

（1）意见作为上行文，提出的建议或意见要符合客观实际，应有可行性，能为上级机关正确决策提供参考，行文时参照请示的要求拟写，处理时应按请示性公文的程序和要求办理，上级机关应当对下级机关报送的意见作出处理或给予答复。

（2）意见作为平行文，提出或答复的问题应明确表明观点，做到用词准确、简洁，注重措辞。行文时参照函的要求拟写，提出的意见供对方参考。

（3）意见作为下行文，向下级机关提出指导性意见时，应有针对性、指导性、可操作性，行文时参照通知的要求拟写。处理时，文中对贯彻执行有明确要求的，下级机关应遵照执行；无明确要求的，下级机关可参照执行。

（四）参考例文

例文：指导性意见

意见文种可多向行文，指导性意见是下行文，标题由发文机关+事由+文种组成。

主送机关之间同类并列关系用"、"，不同类之间用"，"。

意见缘由充分合理。

总体要求精练概括。

服务内容清晰明确。

国家税务总局关于进一步动员
社会力量深入开展税收志愿服务的指导意见

国家税务总局各省、自治区、直辖市和计划单列市税务局，国家税务总局驻各地特派员办事处，局内各单位：

税收志愿服务是社会化纳税服务体系的重要组成部分。近年来，税务机关协调动员社会力量，组织开展税收志愿服务活动，缓解纳税服务资源不足，取得了一定成效。为落实中央全面深化改革委员会第17次会议审议通过的《关于进一步优化税务执法方式的意见》，适应税收改革发展需要，满足纳税人和缴费人日益增长的服务需求，推动构建现代化税费服务体系，依据《志愿服务条例》等相关规定，现就进一步动员社会力量深入开展税收志愿服务提出如下意见。

一、总体要求

以习近平新时代中国特色社会主义思想为指导，弘扬"奉献、友爱、互助、进步"的志愿服务精神，围绕高质量推进新发展阶段税收现代化建设，健全完善税收志愿服务制度体系，培养壮大一支由社会各方力量广泛参与、具备一定税收专业知识和技能的税收志愿服务队伍，深入开展税收志愿服务活动，提高纳税人和缴费人满意度和获得感，推动构建税收共治格局。

二、服务内容

根据税收重点工作以及日常税费服务需要，可开展以下税收志愿服务活动：

（一）在办税缴费服务场所提供辅助性服务；

（二）在12366热线、税务网站等线上渠道提供咨询服务；

（三）通过纳税人学堂、"进园区、进校园、进社区"等形式开展公益性宣传活动；

（四）上门为老年人、行动不便者等特殊困难群体提供办税缴费帮扶服务；

（五）参加办税缴费服务体验活动，提出改进意见；

（六）其他税收志愿服务。

三、主要措施

（一）广泛动员社会力量参与

加强税收志愿服务宣传引导，广泛动员涉税专业服务机构及其从业人员、涉税行业协会、大专院校学生等社会力量注册成为税收志愿者，遵循"自愿、无偿、平等、诚信、合法"的原则，参与税收志愿服务活动。培养和壮大税收志愿服务队伍，鼓励更多的纳税人由"被服务者"转变为"志愿者"。积极做好志愿者注册申请受理、信息核验、（电子）证书发放等相关工作。

（二）做好税收志愿服务项目发布和志愿者招募工作

根据税费服务工作需求，结合本地区税费服务资源和税收志愿者注册情况，做好税收志愿服务项目规划，本着适量、必要原则，确定项目所需的志愿者人数、条件要求及经费预算等内容。特殊情况下，可结合紧急工作需要增设临时性志愿服务项目。通过适当的渠道及时发布招募信息，公布服务项目、服务流程、志愿者的数量、条件和报名方式等信息。按照"谁招募谁负责"的原则，审核报名申请，确定志愿者名单，根据需要签订志愿服务协议。也可根据项目特点，面向涉税行业协会、大专院校等实施定向招募。

（三）加强税收志愿者培训

有计划地对志愿者进行志愿理念、志愿精神、服务规范、权利义务、安全知识等基础性培训，提高志愿者的服务意识和服务水平。根据志愿服务项目需要，采用集中辅导、座谈交流、案例分析、岗位实训等方法，及时开展专

主要措施得力具体，有可操作性。

项培训。有条件的地区可以采取多种形式，培养一批熟练掌握税收服务知识和岗位技能的志愿者骨干，使其成为长期参与税收志愿服务的中坚力量。

（四）完善税收志愿服务保障

为开展税收志愿服务活动提供必要的经费支持。做好徽章、袖标、绶带、旗帜等标识物品准备和场地安排等后勤保障工作。切实维护税收志愿者合法权益，为志愿者参与志愿服务活动提供必要的条件和保障。相关活动安排要坚持精打细算、厉行节约，杜绝铺张浪费。

（五）规范税收志愿服务管理

依据《志愿服务条例》《志愿服务记录与证明出具办法（试行）》规定，遵循"真实、准确、完整、无偿、及时"的原则，记录志愿者参与税收志愿服务项目的时长、服务评价等相关情况，并根据志愿者需要出具志愿服务记录证明。按照"谁使用谁管理"的原则，加强对税收志愿服务的规范管理。做好志愿服务评价工作，志愿服务项目负责人要对志愿者的守时程度、服务态度、专业水平进行评价。畅通志愿服务投诉渠道，对投诉问题及时核实处理，防止以志愿服务名义或志愿者身份进行营利性活动、不当炒作等行为。对不遵守协议约定、不履行服务承诺，造成严重不良影响的，予以清退。

（六）健全税收志愿服务激励机制

对有良好志愿服务记录、表现优异的志愿者探索开展"星级志愿者"和优秀志愿者评选。在提供实习岗位时，同等条件下优先考虑有良好税收志愿服务记录的志愿者；在公务员考录、遴选、事业单位招聘时，可将税收志愿服务情况纳入考察内容。加强与志愿服务相关部门和单位的沟通联系，将税收志愿服务纳入志愿服务联合激励体系。

（七）培育税收志愿服务文化，加强税收志愿服务品牌建设，培育优秀志愿服务组织和志愿服务项目，鼓励打造具有地方特色的税收志愿服务品牌。通过多种形式大力传播税收志愿服务文化，展现税收志愿服务成效和志愿者风采，不断增强税收志愿者的团队荣誉感和文化认同感，营造社会公众广泛参与税收志愿服务的舆论氛围。

四、组织保障

（一）坚持党建引领

强化对税收志愿服务工作的组织领导，充分发挥党建引领作用，为税收志愿服务工作提供坚实保障和有力支持。加强与涉税行业协会、大专院校党团组织的沟通联系，组织税务师、注册会计师、律师以及在校学生等以党员身份积极参加志愿服务，充分发挥党员志愿者先锋模范作用。

（二）健全工作机制

省级税务机关要建立和完善税收志愿服务管理制度，管理指导本省税收志愿服务活动。市县级税务机关负责志愿服务项目组织实施，以及税收志愿者招募、使用、考核、评价等管理事项。各级税务机关纳税服务部门要加强与相关部门协调配合，共同做好税收志愿服务工作。

（三）加强沟通协调

积极与志愿服务相关部门和单位开展信息共享，增进与青年志愿者协会、义工联合会等公益性社会团体交流。加强与社区的对接联系，发挥社区贴近群众服务群众的优势，将社区站点作为开展税收志愿服务的重要载体，面向自然人纳税人缴费人开展税收志愿服务。

（四）强化技术支撑

将税收志愿服务纳入全国志愿服务体系，依托全国志愿服务信息系统，实现税收志愿服务注册、招募、记录、评价等方面的全过程信息化管理。

国家税务总局（印章）

2021 年 2 月 21 日

组织保障健全坚实。

落款由发文机关署名+成文日期组成。

【评析】这是一篇上级机关主送下级机关的工作指导性意见。主题明确，结构完整，语言简洁，既充分体现了上级机关对下级机关工作上的明确指导，又体现了上级机关的权威性及指导意见的严肃性。意见的重要性、六项内容、七点措施、四种保障层层递进，有条不紊，具有上级机关对下级机关工作的指导性、针对性和可操作性。

七、通知

（一）基本含义

通知，适用于发布、传达要求下级机关执行和有关单位周知或者执行的事项，批转、转发公文。通知主要是上级机关对下级机关行文时使用，属下行文；向有关单位知照某些事项时（如告知机构变更和召开会议等），也可作平行文使用。

通知是税务机关使用频率最多的文种，根据通知的特征和实际用途，可分为指示性通知、发布和转发性通知、事务性通知和知照性通知。

指示性通知，是上级机关对下级机关部署工作、安排活动、办理事项、处理问题、提出要求等，不宜用命令或决定行文时常采用的一种行文方式。

发布和转发性通知，是发布规范性公文，批转下级机关公文或转发上级机关、同级机关和不相隶属机关公文时使用的一种行文方式。

事务性通知，是上级机关向下级机关布置业务工作，或要求下级机关办理一般事务时经常使用的一种行文方式。

知照性通知，是要求受文机关知晓某一事项的通知，可用于告知某一机构的建立和撤并、有关人员的任免、奖惩事项或召开会议等。

（二）主要特点

1. 广泛性。通知的制发不受发文机关性质、级别的限制，上级机关与下级机关、平级机关、不相隶属机关之间，都可以使用通知知照相关事项。通知适用性强，形式灵活，运用广泛，使用频率最高、范围最广。

2. 时效性。通知所涉及的事项往往要求立即知晓、执行或办理，不能拖延。有些通知只能在指定的时间内有效，特别是会议通知过期就失去相应的效力。

3. 专项性。通知多是专项的，一事一通知，所以内容必须具体明确，表述要求简练准确。

（三）写作要求

1. 行文结构。通知一般由标题、正文和落款组成。

（1）标题。标题通常由发文机关、发文事由和文种组成。

（2）正文。正文为通知的主要内容，一般包括开头、主体和结尾三部分。

开头应写明制发通知的缘由、目的、依据等；主体即通知事项，是正文的核心部分，主要阐述受文机关承办、执行和应予知晓的事项，如果内容较多可以分条列款进行陈述；结尾即正文的结束语，用于宣布通知正文结束，或者提出有关希望、号召和执行要求等。根据行文的实际要求，有些通知可省略结尾部分。

根据通知类型的不同，其写作结构也有所区别，如指示性通知应交代行文背景或目的、意义，明确具体的工作任务和要求；发布和转发性通知要写明被发布、批转和转发的文件名称，提出贯彻执行的意见、要求或希望；事务性通知由于其针对性、业务性较强，要求具体明确，简单明了；知照性通知应文字精练，表述直截了当，告知事项准确无误。

（3）落款。包括发文机关署名和成文日期。

2. 注意事项。

（1）主题要明确。拟写通知时，首先要明确主题，然后围绕主题阐明通知的意义和主要内容以及通知的范围和对象，做到有的放矢。

（2）措施要可行。通知作为下行文时，对下级机关具有领导和指导的作用，其行文中所涉及的任务、要求，以及所讲的方法、步骤、措施要可行，便于下级机关理解执行。

（3）用词要准确。在起草和审核通知时，要根据其具体内容，准确选用词语，恰如其分地表达通知信息。

（4）结构要恰当。通知的结构无论是采用自然段形式，还是采用条文形式，都需条文清晰，排列有序，段落与条文之间应杜绝出现内容交叉、重复现象。

同时，要注意不同类型的通知行文要求的差异性。

（四）参考例文

例文1：指示性通知

国家税务总局关于深入学习贯彻落实
《关于进一步深化税收征管改革的意见》的通知

国家税务总局各省、自治区、直辖市和计划单列市税务局，国家税务总局驻各地特派员办事处，局内各单位：

下行文，标题由发文机关名称+事由+文种组成。

主送机关之间同类并列关系用"、"，不同类之间用"，"。

开头部分开门见山，阐述制定本通知的缘由。

《意见》是党中央、国务院关于"十四五"时期税收改革发展的重要安排，也是党中央、国务院的重大民心工程，更是指导税务部门"带好队伍、干好税务"，更好服务国家治理现代化的纲领性文件。

为贯彻落实好中共中央办公厅、国务院办公厅印发的《关于进一步深化税收征管改革的意见》（以下简称《意见》），深入推进税务领域"放管服"改革，打造市场化、法治化、国际化营商环境，更好服务市场主体发展，现将有关要求通知如下。

一、充分认识《意见》的重大意义

党的十八大以来，在以习近平同志为核心的党中央坚强领导下，我国税收制度改革不断深化，税收征管体制持续优化，纳税服务和税务执法的规范性、便捷性、精准性不断提升，但与推进国家治理体系和治理能力现代化的要求相比、与纳税人缴费人的期待相比仍有一定差距。《意见》立足于解决当前税收征管中存在的突出问题和深层次矛盾，围绕把握新发展阶段、贯彻新发展理念、构建新发展格局，对进一步深化税收征管改革作出全面部署，具有多方面重大意义。

（一）这是党中央、国务院关于"十四五"时期税收改革发展的重要安排。党中央、国务院高度重视深化税收征管改革。2020年12月30日，习近平总书记主持召开中央全面深化改革委员会第十七次会议，对进一步优化税务执法方式、深化税收征管改革进行研究。党的十九届五中全会对深化税收征管制度改革提出了明确要求。李克强总理在今年的《政府工作报告》中强调，要深化财税金融体制改革，纵深推进"放管服"改革，加快营造市场化、法治化、国际化营商环境，激发各类市场主体活力。《意见》充分体现党的十九届五中全会、全国"两会"和《中华人民共和国国民经济和社会发展第十四个五年规划和2035年远景目标纲要》（以下简称"十四五"规划纲要）精神，坚持问题导向和目标导向，提出了进一步深化税收征管改革的指导思想、工作原则、主要目标和重点任务，集成推出一系列针对性强、含金量高的服务征管举措，不仅将有力推动税收征管改革不断走向深入，而且为"十四五"时期税收工作确立了总体规划和蓝图框架。

（二）这是体现党中央、国务院关心关怀、顺应纳税人缴费人期盼的重大民心工程。今年是建党 100 周年，中央部署在全党开展党史学习教育和"我为群众办实事"实践活动，强调要落实以人民为中心的发展思想，践行全心全意为人民服务的宗旨。《意见》体现"十四五"规划纲要关于坚持共同富裕方向、不断满足人民对美好生活向往的要求，顺应人民群众期待，坚持为民便民，聚焦解决纳税人缴费人的堵点、难点、痛点问题，推出一系列优质高效智能、利企便民惠民的措施，以更好满足纳税人缴费人合理需求，必将指导税务部门在提升纳税人缴费人办税缴费体验中不断提高社会满意度，进一步增强人民群众获得感。

（三）这是指导税务部门当前及今后一个时期"带好队伍、干好税务"、更好服务国家治理现代化的纲领性文件。党的十八大以来，税务部门深入学习贯彻习近平新时代中国特色社会主义思想以及习近平总书记关于税收工作的重要论述，确立了以"带好队伍、干好税务"为主要内容的新时代税收现代化建设总目标，有力服务了经济社会发展大局。《意见》提出深入推进精确执法、精细服务、精准监管、精诚共治，为税务部门持续深入"干好税务"指明了方向；《意见》就坚持党对税收工作的全面领导、建设高素质税务执法队伍、人才培养、绩效考评等作出系列部署，对税务部门持续深入"带好队伍"提出了明确要求，必将有力促进构建税务部门全面从严治党新格局，引领保障高质量推进新发展阶段税收现代化不断取得新成绩、开创新局面，更好发挥税收在国家治理中的基础性、支柱性、保障性作用，为推动高质量发展、服务国家治理现代化提供有力支撑。

各级税务机关和广大税务干部要充分认识《意见》的重大意义，切实把思想和行动统一到党中央、国务院重大部署上来，结合深入开展党史学习教育、"我为群众办实事"实践活动以及落实"十四五"规划纲要，认真抓好《意见》的学习贯彻，确保落地见效。

主体部分，阐述《意见》的主要内容。

二、准确把握《意见》的主要内容

《意见》提出了进一步深化税收征管改革的 6 个方面 24 类重点任务，涉及税收工作的各个方面。各级税务机关要准确把握，积极推动《意见》各项部署安排落实落地。

（一）数据赋能更有效。运用现代信息技术建设智慧税务，实现从信息化到数字化再到智慧化是税收征管发展趋势。要深刻领会《意见》聚焦发挥数据生产要素的创新引擎作用，把"以数治税"理念贯穿税收征管全过程的部署安排，稳步实施发票电子化改革，深化税收大数据共享应用，着力建设具有高集成功能、高安全性能、高应用效能的智慧税务，全面推进税收征管数字化升级和智能化改造。

（二）税务执法更精确。坚持严格规范公正文明执法，是全面推进依法治国的基本要求，是维护社会公平正义的重要举措。要深刻理解《意见》健全执法制度机制、把握税务执法时度效的核心要义，运用法治思维，创新行政执法方式，严格规范税务执法行为，强化税务执法内部控制和监督，坚决防止粗放式、选择性、"一刀切"执法，推动从经验式执法向科学精确执法转变。

（三）税费服务更精细。不断满足纳税人缴费人的服务需求，是税务部门践行以人民为中心的发展思想的直接体现，是构建一流税收营商环境的具体行动。要深刻认识《意见》大力推行优质高效智能税费服务的重要意义，切实做到税费优惠政策直达快享，有效减轻办税缴费负担，全面改进办税缴费方式，实现从无差别服务向精细化、智能化、个性化服务转变，持续提升纳税人缴费人获得感。

（四）税务监管更精准。实施科学精准的税务监管，维护经济税收秩序，是税务部门的重要职责。要深刻把握

《意见》对管出公平、管出质量的部署要求，建立健全以"信用＋风险"为基础的新型监管机制，推动从"以票管税"向"以数治税"分类精准监管转变，既以最严格的标准防范逃避税，又避免影响企业正常生产经营，实现对市场主体干扰最小化、监管效能最大化。

（五）税收共治更精诚。税收工作深度融入国家治理，与政治、经济、社会、文化和民生等各领域息息相关，深化税收征管改革需要各方面的支持、配合和保障。要深刻认识《意见》进一步拓展税收共治格局的重要作用，聚焦重点领域和薄弱环节，突出制度化、机制化、信息化，进一步做实做精部门协作、社会协同、税收司法保障和国际税收合作，凝聚更大合力为税收工作提供强大支撑。

（六）组织保障更有力。加强组织体系建设，是税收治理体系和治理能力现代化的重要组成部分。要深刻理解《意见》进一步激发税务干部活力动力的精神实质，着眼新使命新职责，优化征管职责和力量，加强征管能力建设，改进提升绩效考评，提高干部队伍法治素养和依法履职能力，为进一步深化税收征管改革提供强有力的组织保障。

三、坚决抓好《意见》的贯彻实施

（一）加强组织领导，突出党建引领。各级税务机关要坚持和加强党对贯彻落实《意见》工作的领导，增强"四个意识"、坚定"四个自信"、做到"两个维护"。税务总局成立《意见》落实领导小组及其办公室，各省税务局要加强统一领导，成立本级领导小组及其办公室，扎实推进各项改革任务落地。

（二）细化任务分工，分步有序实施。税务总局制定贯彻落实工作方案，明确阶段工作安排，分步推进《意见》实施；细化路线图时间表责任人，分类推进任务落地。各相关司局要按照任务分工，主动担当作为，积极加强与有关部门的沟通协调和对各地税务机关的工作指导。各省税务局既要按照税务总局统一部署抓好贯彻落实，确保全

主体部分，表明抓好《意见》贯彻实施，态度坚决，措施有力。

国"一盘棋";又要积极向当地党委政府汇报,推动制定本地实施方案,将深化税收征管改革纳入当地"十四五"改革发展规划之中统筹安排,凝聚条块协同推进的合力。

(三)强化统筹集成,持续优化提升。《意见》涉及征管服务理念、业务制度、岗责体系和信息系统的优化调整,必须坚持系统观念,不仅要把正在开展的发票电子化改革、金税四期建设、便民办税春风行动等重点工作作为落实《意见》的重要举措,而且要把今后一段时期"带好队伍、干好税务"的系列改革,都纳入《意见》的贯彻落实中统筹谋划、集成贯通、一体推进,务求取得系统性、开创性成效。

(四)做好宣传解读,严格督查考评。各级税务机关要认真组织集中学习和培训,引导税务干部统一思想认识,自觉融入改革大局。要突出让纳税人缴费人更有获得感,加强贯彻落实《意见》的宣传工作,深入解读《意见》促进税务执法监管公平公正公开、办税缴费服务便民利民惠民的举措,积极宣传改革经验做法和成效。要积极回应社会关切,引导社会各界理解和支持税收工作。要注重工作实效,力戒形式主义、官僚主义。要将《意见》贯彻实施工作纳入督查督办和绩效考评,定期开展评估总结、跟踪问效。要健全激励和问责机制,对工作不力、进度迟缓的要依规严肃问责。

落款由发文机关署名+
成文日期组成。

国家税务总局(印章)

2021 年 3 月 26 日

【评析】这是一篇上级机关对下级机关部署工作、提出要求的指示性通知。全文清晰明了,正文采用分条列项式,步步推进。开头部分开门见山阐述了制定本通知的缘由,主体部分阐述充分认识《意见》的重大意义、准确全面把握《意见》的主要内容、认真抓好《意见》的贯彻实施三个方面的内容。《意见》提出了进一步深化税收征管改革的 6 个方面 24 类重点任务,涉及税收工作的各个方面,这是国家税务总局要求各级税务机关深入学习落实《意见》的重点内容,内容明确,措施具体,为什么做、做什么、怎么做,步骤清晰明确,对下级机关的工作起到指导作用。

例文 2：事务性通知

国家税务总局××市税务局
关于阶段性减免企业社会保险费的通知

局内各单位及辖区各税务局：

　　为贯彻落实习近平总书记的指示精神和党中央、国务院的决策部署，减轻新冠肺炎疫情对企业特别是中小微企业的影响，纾解企业困难，根据《关于阶段性减免企业社会保险费有关问题的实施意见》（人社厅发〔2020〕18号）、《关于阶段性减征职工医疗保险费的指导意见》（医保发〔2020〕6号）和我省《关于阶段性减免企业社会保险费的通知》（×人社发〔2020〕6号）、《关于印发阶段性减免企业社会保险费实施办法的通知》（×人社发〔2020〕7号）、《关于阶段性减征职工基本医疗保险费的通知》（×医保发〔2020〕2号）等文件要求，结合我市实际，现就阶段性减免企业基本养老保险、失业保险、工伤保险（以下简称"三项社会保险"）和职工基本医疗保险单位缴费部分有关工作通知如下：

　　一、减免政策

　　（一）三项社会保险

　　1. 减征政策。减半征收大型企业、民办非企业单位、社会团体等各类社会组织（不含机关事业单位）三项社会保险的单位缴费部分，减征期为 2020 年 2 月到 4 月。

　　2. 免征政策。免征中小微企业（含以单位方式参保的个体工商户，下同）三项社会保险的单位缴费部分，免征期为 2020 年 2 月到 6 月。

　　3. 减免政策执行期。减免费款所属期必须在政策执行期内。参保单位补缴 2020 年 1 月及以前的三项社会保险费不享受此次减免政策；参保单位在 2020 年内补缴减免政策执行月份三项社会保险费，仍可享受相应的减免政策。逾

标题由发文机关＋事由＋文种组成。

主送机关明确，针对局内各单位及辖区各税务局。

开头清晰阐明制定本通知的目的及依据。

减免政策内容清晰明确，包括三项社会保险、职工基本医疗保险、按项目参加的工伤保险。

期未补缴的不享受相应的减免政策。

4. 企业划型政策。企业划型政策依据：参保单位依据《关于印发中小企业划型标准规定的通知》（工信部联企业〔2011〕300号）、《统计上大中小微型企业划分办法（2017）》（国统字〔2017〕213号）和《关于印发金融业企业划型标准规定的通知》（银发〔2015〕309号）规定，按照本单位截至2019年底相关数据自行确定本单位类型。

新注册企业划型依据：2020年1月后注册的参保企业，以注册信息为划型依据。

对具有独立法人资格的参保企业进行划型：实行社会保险费汇缴的行业企业（集团公司），按其汇缴的独立法人企业单独划型，企业分支机构按其所属独立法人单位划型。

企业类型一旦划定，原则上减免政策执行期间不做变动。

5. 权益保障。减免政策执行期间，参保人员可正常流动，其社会保险权益不受影响。个人部分足额缴费的，企业基本养老保险和失业保险的关系转移接续、养老保险退休、申领失业保险待遇等仍按现行规定执行。实施阶段性减免工伤保险费政策，不影响参保职工享受工伤保险相关待遇。

6. 企业不如实申报的法律责任。政策执行期结束后，人力资源社会保障部门、税务部门将重点对享受免征政策的中小微企业进行稽核、检查，发现有瞒报、虚报、漏报情形的，将依据《社会保险法》第六十三条、第八十六条等有关规定，依法处理。

（二）职工基本医疗保险

1. 减征项目和期限。对职工医保单位缴费部分实施减半征收，减征期从2020年2月开始，截止时间以市医疗保障局文件为准。职工医保个人缴费部分及企业缴纳的生育保险费仍按现行政策缴纳。

2. 实施范围。对实行统账结合模式且按正常费率缴费的各类企业实施减征，机关事业单位及未实现统账结合模式或未按照正常基数、费率缴费的特殊缴费主体不在减征范围内。

3. 待遇保障。实施减征期间，不影响参保人享受当期待遇，职工医保个人账户划入政策保持不变。

4. 继续执行前期已经实施的缓缴政策。缓缴执行期为疫情解除后 3 个月内，缓缴期间不收取滞纳金。整体补缴职工基本医疗、生育保险费的企业，期间不影响职工享受待遇。

（三）按项目参加的工伤保险

2020 年 2 月 1 日以后在减免期内新开工的工程建设项目可享受阶段性减免工伤保险费政策，按施工总承包单位进行划型并享受相应的减免政策。具体计算办法为：按照该项目计划施工所覆盖的减免期占其计划施工期的比例，折算减免工伤保险费。计划施工期及起止日期依据备案的工程施工合同核定。

二、办理流程

为不增加企业事务性负担，实行"不见面"办理和告知承诺制。单位类型申报、减征、免征，以及返还业务均通过大连市人力资源和社会保障局"企业保险网上申报系统"（以下简称"网报系统"）操作完成。

（一）申报单位类型

根据上述企业划型政策规定，各单位自行通过网报系统一次性申报单位类型，并承诺申报信息真实有效，及不如实申报自愿承担的法律后果。

单位类型将作为确定享受减免政策类型的唯一依据。原则上，参保企业减免政策类型一旦划定，政策执行期间不做变动。

（二）"减征""免征"办理

已申报单位类型的参保单位，每月通过网报系统申报

办理流程一目了然。

单位工资总额后，各级社保经办机构即时按参保单位申报的单位类型核定"减征"或"免征"单位缴费部分后的应缴金额。缴费金额确认无误后，参保单位按规定缴费即可，不需要额外申请。

本通知下发前，已完成2、3月份单位工资总额申报但未缴费的单位，需重新申报2、3月份的单位工资总额，并按规定缴费；2、3月份已经完成缴费的参保单位，无须重新申报单位工资总额。

（三）2、3月份已缴纳社会保险费减免单位缴费部分返还

对于已全额缴纳2020年2、3月份社会保险费的，参保单位完成单位类型申报的同时，系统将自动计算退返单位部分金额并传递给税务部门，单位可通过网报系统查询2、3月份已缴纳社会保险费减免单位缴费部分金额、打印返还结算单。

税务部门为企业提供免申请、免填单的退费服务，参保单位不需要办理任何退费手续。通过批扣、电汇、支票方式缴费的，通过社保经办银行直接将款项退回到原缴费账户。通过现金缴费或有其他特殊情况的，需向主管税务部门提供与原缴费单位名称一致的账户信息（单位名称、开户银行、账号），由税务部门将款项退回到参保单位指定的账户。

三、其他要求

（一）阶段性减免社会保险，不包括企业养老保险、失业保险、医疗保险个人缴费部分。参保单位要依法履行代扣代缴职工个人缴费的义务。参保单位应按月缴纳减征后的单位缴费部分和代扣代缴职工个人缴费部分。

（二）机关事业单位（含参加企业基本养老保险的单位）、以个人身份参保的个体工商户和灵活就业人员不享受减免社会保险费政策。

（三）2020年3月底前补缴2020年1月和2月份社会

其他要求补充到位，清晰明了。

保险费的，不征收滞纳金和基本养老保险利息。逾期办理
的，按有关规定执行。

（四）三项社会保险缓缴流程待市人社局、市税务局
明确后，另行通知。

（五）咨询电话：人社咨询热线 12333；税务咨询热线
（征缴相关问题）12366；医保咨询热线×××09222。

国家税务总局××市税务局（印章）　落款由发文机关署名+

2020 年×月×日　成文日期组成。

【评析】这是一篇上级机关对下级机关布置具体业务工作的事务性通知。全篇层层递进，步骤清晰，开头阐明制发本通知的依据，主体部分减免政策内容清晰明确、办理流程一目了然、未尽要求补充到位。目标明确，流程清晰，内容完整，语言简练，便于下级机关具体操作执行。

八、通报

（一）基本含义

通报，适用于表彰先进，批评错误，传达重要精神和告知重要情况。通报属下行文。

按其内容，通报可分为表彰通报、批评通报、情况通报三种。表彰通报是对具有典型意义的先进集体、先进个人等进行表彰，宣传先进思想，树立学习榜样等；批评通报是上级机关为了批评某种严重错误或分析总结教训等使用的一种公文；情况通报多用于相关部门之间传达重要精神或重要情况、交流经验、沟通信息，以促进工作顺利开展。

（二）主要特点

1. 真实性。真实性是通报的生命，写作前对正反两方面的事实都要认真核实，确保通报内容准确无误、实事求是、真实可靠。

2. 目的性。通报有极强的目的性，既有对被表彰单位或个人的鼓励，也有对违规违纪集体或个人的批评教育、总结教训引以为戒等，更有用于传达上级重要指示精神、信息共享等目的。

3. 时效性。行文要具有时效性，通报必须及时制发才有意义，否则就失去其激励、教育及传达沟通作用。

（三）写作要求

1. 行文结构。通报一般包括标题、正文和落款三部分。

（1）标题。标题通常由发文机关、发文事由和文种三要素构成。

（2）正文。正文一般由开头、主体、结尾三部分组成。开头主要阐述制发通报的原因和根据；主体是通报的主要内容，通常由情况介绍和分析问题两部分构成。情况介绍是对有关情况进行简明扼要的叙述和介绍，主要事实、关键环节需重点介绍，而一般性事实则概括表述；分析问题即对有关情况所作的分析以及作出的处理决定，可适当进行评论分析，但议论不宜过多。结尾即发文机关根据通报的基本内容提出有关要求或发出号召，对事件、人物作出决定或采取措施等。

（3）落款。由发文机关署名和成文日期组成。

2. 注意事项。

（1）通报要实事求是。通报的情况和事实必须真实、准确，具有针对性，把握分寸，不得夸大或缩小，不得推测。

（2）内容要有典型性。尤其是表彰性通报和批评性通报，典型性可以起到"以点带面""以一当十"的效果。

（3）通报应迅速及时。通报具有时效性，如果通报时过境迁，就失去了指导、宣传和教育作用。

（四）参考例文

例文1：表彰通报

标题由发文机关名称+
发文事由+文种组成。

国家税务总局××省税务局关于表扬
2020年度税收宣传工作表现突出单位和突出个人的通报

国家税务总局××省各市（州）税务局：

第一段开门见山，肯
定各地宣传员在税收
宣传工作中所取得的
优异成绩。

　　2020年，全省税务系统各级税务局按照总局、省局关于税收宣传工作部署要求，主动谋划，精心组织，全方位、多角度开展税收宣传工作，共在《人民日报》等中央级媒体及《中国税务报》刊发××余篇，在省级媒体刊发×××余篇，各级媒体合计刊发×××余篇。各地宣传员主动研究思考，严把宣传口径，积极撰稿投稿，以高度的政治责任感和使命感扎实做好宣传工作，取得优异成绩，我省税收传播影响力考点在全国排名第×位。

为了进一步做好全省税收宣传工作，提升宣传传播力和影响力，国家税务总局××省税务局对国家税务总局××市税务局等 3 个税收宣传工作表现突出单位提出表扬，对××等 16 名税收宣传工作表现突出个人提出表扬。希望受表扬的单位和个人再接再厉，在今后的工作中再创佳绩，为全省税收宣传工作作出更大贡献。

> 第二段直截了当，对税收宣传中表现突出的单位和个人进行表扬并提出希望。

附件：1. 2020 年度税收宣传工作表现突出单位
2. 2020 年度税收宣传工作表现突出个人

> 两个附件名称是对正文内容的补充概括。

国家税务总局××省税务局（印章）
2020 年×月×日

> 落款由发文机关署名＋成文日期组成。

【评析】这是一篇针对 2020 年度税收宣传工作表现突出的单位和个人进行表彰的通报。全篇言简意赅，语言精练，用较小篇幅就把表彰情况说得一清二楚。第一段开门见山肯定了宣传员的工作成绩；第二段直接对表现突出的 3 个单位和 16 名个人进行了表彰，并提出希望，鼓励他们再接再厉，争取取得更大成绩；结尾处有 2 个附件名称，对正文内容进行了补充。本篇表彰通报短小精悍，一目了然。

例文 2：情况通报

国家税务总局××省税务局关于庆祝
中国共产党成立 100 周年党史知识竞赛情况的通报

> 标题由发文机关名称＋事由＋文种组成。

国家税务总局××省各市（州）税务局：

为庆祝中国共产党成立 100 周年，持续深入推动党史学习教育，全省税务系统"党史激荡百年路 税海扬帆砥砺征程"庆祝中国共产党成立 100 周年党史知识竞赛于 5 月 27 日在省局隆重举行。本次知识竞赛以党史、新中国史、改革开放史、社会主义发展史和税务系统全面从严治党及当

> 第一部分通报了本次党史知识竞赛的缘由、时间、内容及目的。

前税收重点工作为主要内容，集知识性、实用性于一体，通过以赛促学、以学促干，引导全系统广大党员干部将学习备赛与改造思想、锤炼党性、提升本领、促进工作紧密结合，营造了比学赶超的浓厚氛围。

此次党史知识竞赛共有省局机关、各市（州）税务局12支代表队参赛。经过激烈角逐，××市税务局代表队等6个集体获得团体一、二、三等奖，××市税务局等6个单位获得优秀组织奖，×××等3名同志获得优秀选手奖，现予以通报表扬。

希望受到通报表扬的集体和个人再接再厉，继续发扬勤于学习、敢于担当、勇于拼搏的精神，积极开展"我为群众办实事"实践活动，以实干精神践行党的初心和使命。全系统各级党组织和广大党员干部要以党史知识竞赛为契机，不断加深对党的历史理解和把握，把党史学习教育作为贯穿全年的重大政治任务，紧扣"学党史、悟思想、办实事、开新局"要求，切实增强学史与实践紧密结合的积极性和主动性，为推进新发展阶段税收高质量发展贡献力量。

国家税务总局××省税务局（印章）

2021年×月×日

第二部分具体介绍了本次参赛的代表队数目，表彰了参赛的集体和个人。

第三部分对被通报表彰的集体和个人进行鼓励，再接再厉，贡献力量。

落款由发文机关署名+成文日期组成。

【评析】这是一篇关于庆祝中国共产党成立100周年党史知识竞赛的情况通报。全篇主题明确，结构完整，脉络清楚，语言简洁，既对党史竞赛情况进行了通报，又对参赛集体和个人进行了鼓励，号召他们不断努力，再接再厉，继续贡献自己的力量。

九、报告

（一）基本含义

报告，适用于向上级机关汇报工作、反映情况，回复上级机关询问。报告属上行文。

按其内容不同，报告可分为综合性报告和专题性报告。

（二）主要特点

1. 陈述性。报告用于下级机关向上级机关汇报工作、陈述情况，使上级机关能够根据报告内容做出判断并及时对下级工作进行指导，以陈述性为主。

2. 真实性。报告是上级机关作出科学决策的依据，要以政策为指导，以事实为基础，以数据为依托，全面客观地反映下级实际工作情况。

3. 单向性。报告仅限于下级机关向上级机关报告情况，无须上级机关对报告进行批复，属单向行文。

（三）写作要求

1. 行文结构。报告通常包括标题、正文和落款三部分。

（1）标题。由发文机关、发文事由和文种组成。

（2）正文。正文根据内容不同写法亦不同，通常采用"三段式"结构，即开头、主体、结尾。开头是报告的引据，一般用简明扼要的语言交代出全文的主要内容和基本情况，也可陈述有关的背景或缘由，然后用"现将有关情况报告如下"之类的过渡语开启下文；主体是报告的事项，它是报告正文的核心，要求将有关工作或事件情况表述清楚，并加以扼要分析，撰写时应围绕报告的目的和主旨进行陈述，用事实和数字说明问题；结尾一般有较为固定的结语，常用"特此报告"结束，另起一段，独占一行。

（3）落款。包括发文机关署名和成文日期。

2. 注意事项。

（1）要注意报告的真实性。报告要实事求是地反映工作业绩或存在的问题，报告中引用的各种数据、典型事例必须真实准确，确保为上级机关制定政策、指导工作提供可靠的参考依据；一般采用叙述的方式，做到有情况、有分析、有观点、有重点、有措施，报告中提供的各种建议要明确可行。

（2）要注意报告的差异性。综合性报告和专题性报告在写法上具有差异性，综合性报告内容全面、篇幅较长，撰文时应突出重点、详略得当，可用图表等进行说明；专题性报告内容单一，撰写时要一事一报，体现其专一性。

（3）要注意报告的时效性。报告是下级机关向上级机关就某一时段的工作情况进行汇报的公文，一般在事中或事后行文，要注意时效性。

十、请示

（一）基本含义

请示，适用于向上级机关请求指示、批准。下级机关在认识不清、能力不足、权限不够时需要用到请示。请示属上行文。

根据内容不同，请示一般分为政策性请示、问题性请示和事务性请示。

政策性请示，用于对国家的税收法律、法规等认识不清、理解不透，有待上级明确指示；工作中发生了重大问题或原无规定、难以处理，希望上级机关给予指示。

问题性请示，用于工作中遇到困难，需要上级机关帮助解决；因本地区、本系统、本单位情况特殊，难以执行统一规定，需要请示批准后再行处理。

事务性请示，用于本机关意见分歧无法统一，需要上级裁定；设置机构、增加编制等需要向上级机关请求批准；其他按上级有关规定应当请示。

（二）主要特点

1. 针对性。只有本机关权限范围内无法决定的重大事项，如机构设置、人事安排、重要决定等问题，以及在工作中遇到新问题、新情况或克服不了的困难，才可以用"请示"行文，请示有隶属关系或业务指导关系的上级机关给予指示或批复。

2. 单一性。请示要一文一事，一事一请，不能把多种事项写在一篇请示里，否则上级机关无法批复，而且须逐级请示，不可越级。

3. 时效性。请示是针对本单位当前工作中出现的情况和问题，求得上级机关指示、批复的公文，必须及时发出，使问题得到尽快解决，且必须是事前请示，不能先斩后奏。

（三）写作要求

1. 行文结构。按上行文格式拟写，请示一般由标题、正文和落款三部分组成。

（1）标题。标题由发文机关、发文事由和文种组成。

（2）正文。正文是公文的核心内容，其结构一般由开头、主体和结尾等部分组成。开头简洁扼要地写明请示的缘由、依据等，它是请示事项能否成立的前提条件，也是上级机关批复的依据，然后用"请示如下"之类的用语承启下文；主体要清晰明确地说明要求批准、答复或具体解决的问题和事项，请示事项要写得明确具体，反映的情况和问题要真实可靠，具有代表性，提出的建议和措施要符合党和国家的方针、政策，切实可行，提出多种解决问题的方案时，应当提出倾向性的意见，让主送机关一目了然，便于及时给予明确批复；结尾必须要有结语，如"当否，请批示"等。

（3）落款。包括发文机关署名和成文日期。

2. 注意事项。

（1）请示要及时。请示写作必须在事前进行，不能先斩后奏，也不能边干边请示。

（2）内容要合理。请示内容要从实际出发，理由要充分合理，事项要明确具体，数字要真实准确。

（3）行文要规范。请示只能主送给一个具有隶属关系的上级机关，不得多头请示，不能送给领导者个人；请示与报告不能混用，不能在报告中夹带请示；请示不能越级，特殊情况需要越级的，应抄送给被越过的上级机关；请示要一文一事。

（4）语言要得体。语气要委婉谦逊，态度要平实恳切，语言要恭敬得体，文末应当有请示语；应当在末页附注处注明联系人的部门、姓名和电话。

（四）参考例文

例文1：政策性请示

国家税务总局××省税务局关于
××集团土地使用税政策问题的请示

国家税务总局：

　　经调查研究，现将××集团土地使用税有关政策问题请示如下：

　　一、关于××集团××厂区外灰场占地征免税问题

　　××厂是××集团所属非独立核算分支机构，是燃煤火力发电厂。2015年，××厂所生产的电纳入××电网运行，××集团年用电量约占其发电量的85%。2018年，××发电厂发电量××亿度，××集团用电量××亿度，占发电量的××%。××发电厂隶属于××集团且生产的电主要用于满足××集团自

标题由发文机关名称+事由+文种组成。

请示是上行文，主送机关只有一个。

开门见山，直奔主题，用"请示如下"引出正文。

第一部分介绍××集团××厂区外灰场占地使用情况，阐明应征收城镇土地使用税观点。

身的电力供应，符合《国家税务总局关于企业内部电厂应征城镇土地使用税问题的批复》中关于企业自办自备电厂应照章征收城镇土地使用税的规定。因此，我们认为××发电厂厂区外灰场占地应征收城镇土地使用税。

二、关于××集团改制企业占地城镇土地使用税纳税人问题

第二部分介绍××集团重组改制情况，确认城镇土地使用税缴纳人观点。

2020 年，××集团重组改制，至今未与改制企业办理土地使用权过户手续，土地使用权仍属于××集团。根据国家税务总局《关于土地使用税若干具体问题的解释和暂行规定》（国税地字〔1988〕15 号）"土地使用税由拥有土地使用权的单位或个人缴纳"的规定，我们认为对未办理土地使用权权属过户手续的改制企业占用土地，应由××集团缴纳城镇土地使用税。

结束语平实得体，语气谦恭。

以上请示当否，请批示。

落款由发文机关署名+成文日期组成。

国家税务总局××省税务局（印章）
2020 年×月×日

附注标明联系人和电话，便于联系沟通。

（联系人：××，联系电话：×××××××）

【评析】这是一篇国家税务总局××省税务局主送国家税务总局的政策性请示。请示主送机关单一；请示内容明确，只针对文中提出的"××发电厂厂区外灰场占地应征收城镇土地使用税和由谁来缴税"的政策性问题进行请示；结语谦逊得体，语言平实恳切；落款清晰明了；附注规范明确，便于上级机关及时批复，有利于工作快速开展。

例文 2：问题性请示

标题由发文机关名称+事由+文种组成。

国家税务总局××市税务局关于对部分纳税人逾期未认证增值税扣税凭证进行稽核比对的请示

主送机关只有一个，写直属上级机关的全称。

国家税务总局××省税务局：

我市部分纳税人取得的增值税扣税凭证因客观原因未

能按照规定期限办理认证。经主管税务机关调查审核，相关交易真实可靠，增值税扣税凭证逾期未认证客观原因符合《国家税务总局关于逾期增值税扣税凭证抵扣问题的公告》（国家税务总局公告 2011 年第 50 号，国家税务总局公告 2018 年第 31 号修改）的有关规定，材料完整，现上报省税务局允许对其未及时认证的增值税扣税凭证进行稽核比对。

请示缘由合理，请示事项明确。

当否，请批示。

附件：1. 申请稽核比对逾期增值税扣税凭证纳税人客观原因情况汇总

2. 申请稽核比对逾期增值税扣税凭证电子信息汇总

国家税务总局××市税务局（印章）

2020 年×月×日

（联系人：××，联系电话：×××××××）

请示结语恭敬得体。两个附件名称对请示主体事项进行补充概括。落款由发文机关署名+成文日期组成。附注标明联系人姓名和电话号码，便于联系沟通。

【评析】这是一篇××市税务局主送××省税务局的问题性请示。请示事项明确，条理清晰，语言简洁，全文篇幅短小，内容丰富；标题、主送机关、正文、结语、附件说明、落款、附注等一应俱全，有利于上级机关及时批复，便于工作顺利开展。

十一、批复

（一）基本含义

批复，适用于答复下级机关请示事项。批复属下行文，被动行文。

上级机关批复下级机关的请示时，必须明确表态，若予否定，应写明理由。批复一般只送请示单位，若批复的事项需有关单位执行或者周知，可抄送有关单位。若请示的问题具有普遍性，可使用"通知"或其他文种行文，不再单独批复请示单位。

上级税务机关针对下级税务机关有关特定税务行政相对人的特定事项如何适用税收法律、法规、规章或税收规范性文件的答复或者解释，需要普遍执行的，应当按照《税务规范性文件制定管理办法》的规定制定税务规范性文件。

根据内容不同，批复一般分为政策性批复、问题性批复和事务性批复。

政策性批复，是国家税务总局经常使用的公文文种，常用对下级机关提出的一般性税收政策和征管办法在执行中的具体问题予以明确解释和答复。

问题性批复，是国家税务总局和各省税务机关经常使用的公文文种，常用于下级机关请示有关机构设置、变更和项目审批等重要事项的答复。

事务性批复，高层机关使用较少，常见于上级机关对基层机关一般性的具体工作安排和具体事务的请示事项给予答复。

（二）主要特点

1. 行文的被动性。批复是被动行文，下级先有请示，上级才会作出批复，不请不复，有请必复。

2. 内容的针对性。批复的内容必须要明确，有针对性。批复的针对性反映在两个方面：一是批复必须针对请示机关行文，二是批复的内容必须针对请示事项。

3. 态度的鲜明性。批复的态度要鲜明，以利于下级机关贯彻执行。态度的鲜明性主要有三种情况：一是予以同意或批准；二是如不同意或不批准，需要说明理由和根据；三是基本同意或原则上同意，则要写明修正意见或补充处理办法。

4. 答复的权威性。批复是上级机关的结论性意见，代表着上级机关的权力和意志，对下级机关具有行政约束力，带有很强的权威性，批复一经下发，下级机关必须认真贯彻遵照执行。

（三）写作要求

1. 行文结构，通常包括标题、正文和落款三部分。

（1）标题。由发文机关、发文事由和文种组成。

（2）正文。正文一般包括开头、主体、结尾。

开头主要写批复依据，下级机关请示来文（标题、发文字号、内容重点、来文时间）、上级的文件和政策规定、当前形势和现实情况等都可作为批复依据；主体部分是针对批复事项作出具体明确回答，如果不同意要尽量写明理由，表达要明确，语气要恰当；结尾一般是提出希望、要求、号召及限定条件和说明，给执行请求事项的单位指明方向，也可用"特此批复"结尾，也可请示事项答复完毕后全文自然结尾。

（3）落款。包括发文机关署名和成文时间。

2. 注意事项。

（1）批复要及时。批复是被动行文，是下级机关急需得到上级机关的指示和帮助，及时批复有利于工作顺利进行。

（2）批复要慎重。批复前要核实请示内容的真实性，研究其可行性，若涉及其他部门要协商一致后再行批复。

（3）态度要明确。批复意见要清晰明确，态度要明朗，有利于下级机关正确执行。

（4）语言要简短。要做到言简意赅，言尽意止，充分体现批复的严肃性。

（四）参考例文

例文1：政策性批复

国家税务总局××省税务局关于

××有限责任公司等企业申请减免城镇土地使用税的批复

国家税务总局××市税务局：

　　你局《关于××有限责任公司等两户企业申请减免2019年度城镇土地使用税的请示》（××税发〔2018〕43号）收悉。

　　根据《中华人民共和国城镇土地使用税暂行条例》等有关规定，经研究，同意你局意见，对××有限责任公司2020年度应缴纳的城镇土地使用税××元、××有限公司2020年度应缴纳的城镇土地使用税××元，予以免征。

国家税务总局××省税务局（印章）

2020年×月×日

旁注：
下行文，标题由发文机关名称+事由+文种组成。

主送机关只有一个。

有请必复，根据下级机关请示来文进行批复。

批复的政策性依据清晰，批复内容明确。

落款由发文机关署名和成文日期组成。

【评析】这是一篇上级机关对下级机关进行批复的下行文，针对性极强，有请必复，被动行文。批复缘由清晰，一是根据请示来文，包括来文的标题、发文字号、内容重点、来文时间；二是依据国家相关政策规定。据此明确批复，同意下级机关意见，予以免征××有限责任公司等企业城镇土地使用税，事项明确，态度鲜明，体现出批复机关的权威性。

例文 2：事务性批复

标题由发文机关名称+
事由+文种组成。

国家税务总局关于国家税务总局××市税务局
综合业务办公用房维修改造项目立项的批复

国家税务总局××省税务局：

批复是下行文，主送
机关只有一个。

依据请示来文（含标
题、来文字号）进行
批复，一事一复，针
对性强。

批复依据符合国家及
税务总局基本建设管
理的有关规定，同意
该项目立项，批复意
见明确，批复内容清
晰，一目了然。

对批复的事项内容再
次强调，更加清晰明
确。按规进行，加强
过程管理，控制投资
规模，严格按标准执
行，严禁豪华装修，
实行评审汇报，责任
到人。

习惯性批复用语，语
气坚决。

落款由发文机关署名
和成文日期组成。

    你局《关于国家税务总局××市税务局综合业务办公用房维修项目立项的请示》（×税发〔20××〕××号）收悉。经研究，批复如下：

    经审核，国家税务总局××市税务局综合业务办公用房维修改造项目，符合国家及税务总局基本建设管理的有关规定，同意该项目立项，项目投资估算××万元。维修改造范围包括：围护、建筑装饰装修、给水排水、供暖、通风与空调、电气、建筑消防系统维修改造。

    请你局通知××市税务局严格执行《国家发展改革委 住房城乡建设部关于印发党政机关办公用房建设标准的通知》（发改投资〔20××〕××号）和税务总局关于综合业务办公用房维修改造管理的有关规定，按照批准的维修改造范围和投资规模进行设计，加强项目建设过程管理，严格控制投资规模，严格执行维修改造标准，严禁豪华装修。在完成工程设计及投资概（预）算编制，经税务总局委托中介机构进行评审并批准后开工。

    你局应按照规定将基本建设管理责任状一式两份盖章签字后报送税务总局（财务管理司）。

    特此批复。

国家税务总局
20××年×月×日

【评析】这是一篇事务性批复，中心突出，结构完整，用语准确。通篇由标题、主送机关、正文、结语及落款组成。标题三要素清晰明了；主送机关单一；批复依据针对性强，一是根据请示来文，二是根据国家及税务总局相关规定；批复内容从同意项目立项、项目投资预算及维修改造范围等都做了清晰明确的批复，并做了更为严格细致的要求；态度鲜明，语气坚定，一事一复，便于下级机关执行。

十二、函

（一）基本含义

函，适用于不相隶属机关之间商洽工作、询问和答复问题、请求批准和答复审批事项。函属平行文。

函是公文中较为轻便的一个文种，可谓是公文中的"轻武器"。按照行文去向，函可分为去函和复函；按照内容和用途，函可分为商洽函、询问函、请求批准函、答复函、告知函。

商洽函，即不相隶属机关之间商洽工作联系有关事宜的函。

询问函，常用于询问问题、征求意见等向有关机关和部门询问的函。

请求批准函，仅用于向平级机关或有关主管部门请求批准相关事项。

答复函，常用于答复问题或答复审批事项。

告知函，即不相隶属机关之间告知有关事项的函。

（二）主要特点

1. 使用的广泛性。函的使用范围广、频率高，不受级别高低、单位大小的限制，只要是不相隶属机关之间都可以广泛使用。

2. 行文的灵活性。函属于平行文，比较简便灵活，在建议咨询、商洽合作、答复询问、请求批准和答复审批有关事项等方面均可使用函。

3. 内容的单一性。函一般是一函一事，写法比较简便，简单明了，篇幅短小，制作程序、手续一般较为简易。

（三）写作要求

1. 行文结构。作为正式公文的函，和其他公文写法相同，一般由标题、正文和落款组成。

（1）标题。标题由发文机关、发文事由和文种构成。

（2）正文。正文一般由开头、主体和结尾三部分组成。开头主要说明发函缘由，如果是复函，要写明来函标题和来函单位的发文字号，概括交代发函的目的、根据等内容，用"现函复如下"等过渡语转入下文；主体即发函事项，是函的核心部分，要说明函告的事项和意见，或答复对方提出的问题，要直陈其事，开门见山，内容单一，一函一事；结尾一般请对方及时复函、提出意见，或请相关部门批准等，多用"以上意见，供参考""请即复函"等结语，告知函一般不需要结束语。

（3）落款。包括发文机关署名和成文时间。

2. 注意事项。

（1）用语要简洁。函可以多向行文，行文要注意简洁、把握分寸、平和有礼；复函则态度要明朗，语言要准确。

（2）答复要讲究时效。函有时间限制，特别是复函更应该迅速、及时，以保证公务活动正常进行。

（3）内容要有针对性。函一般开门见山、直奔主题，无论去函还是复函都不要转弯抹角，答复要明确，要注意内容的针对性。

十三、纪要

（一）基本含义

纪要，适用于记载会议主要情况和议定事项。其主要作用是沟通情况、交流经验、统一认识、指导工作。纪要可以多向行文，可上呈下达，被批转或被转发至有关单位遵照执行。

根据会议性质不同，会议纪要一般可分为办公会议纪要和专题会议纪要。办公会议纪要主要用来传达由机关、单位召开的办公会议所研究的工作、议定的事项和布置的任务，要求与会单位和有关方面遵照执行，如党委会议纪要、局务会议纪要、局长办公会议纪要等；专题会议纪要指各种专门工作会议、专题讨论会、座谈会、学术研讨会等会议形成的纪要。

（二）主要特点

1. 纪实性。纪要如实记载会议情况和议定事项，尊重会议的真实情况，包括存在的问题和分歧，是会议的真实记载。

2. 概括性。纪要不同于记录，要集中地反映会议的精神实质，在会议记录的基础上进行分析综合，精其髓，概其要，应围绕会议主旨及主要成果，以简洁精练的文字高度概括会议内容和结论，具有高度的概括性。

3. 条理性。纪要对会议精神和议定事项分类别、分层次予以归纳、概括，使其条理清楚、一目了然。

4. 内部性。纪要是内部文件，可以印发参会单位和其他单位，但无须向社会公开。不得以纪要代替有关行政执法文书和文件，一般不得直接作为对外行政管理的依据。

（三）写作要求

1. 行文结构。纪要一般包括标题、正文和落款三部分。

（1）标题。标题由发文机关、会议名称和文种组成，会议名称可以写简称，也可以用开会地点作为会议名称，也可把会议的主要内容在标题里揭示出来。

（2）正文。正文一般分为开头、主体、结尾三部分。

开头一般简要地交代会议概况，即会议时间、地点、主持人、参加人员、会议议题、会议背景、会议结果、会议评价等。但并非所有会议纪要都必须将上述项目一一写出，可根据具体情况，省略某些内容。如有些内容广泛、复杂的大型会议的纪要，要交代背景；而有些内容简单的例行性会议的纪要，往往不写情况介绍和会议评价。

主体部分是会议纪要的核心，介绍会议议定的重要事项，重点记述以下内容：会议研究、讨论的问题及事项；会议报告的内容要点；会议各项议程的进行情况及结果；会议的决定及贯彻会议精神所应采取的办法、措施、计划等。一些简单的小型会议的纪要，可不写讨论情况，直接写出决议事项。大型会议的纪要，一般均不应省去会议讨论情况，常用第三人称写，且常用"会议指出""会议强调""会议同意""会议决定""会议要求"之类的标志性词语领起。根据具体情况，纪要一般有概述式、分类式、发言提要式等写法。概述式就是用归纳法概括叙述会议的主要内容和形成的主要决议；分类式就是按其内容性质进行分类；发言提要式就是按在会议上的发言顺序，将每个发言人的主要意见归纳整理出来。

结尾要根据实际情况确定有无，若正文部分文意已尽，可不再另写结尾。有的结尾常列出尚未解决的问题，或指出今后工作的努力方向，提出要求、希望等。

（3）落款。包括发文机关署名和成文日期，不加盖机关印章。

2. 注意事项。

（1）内容必须真实。纪要是对所有会议材料的概括、综合和提炼，写作前要做好材料搜集分析工作，全面掌握材料，内容必须真实可靠。

（2）突出会议中心。纪要不是会议记录的翻版，必须抓住要点，突出中心，要讲究条理，分明清晰。

（3）语言简洁明了。应根据会议内容确定写法和篇幅，语言要简明扼要，切忌冗长拖沓，语言表述简短通俗，以叙述为主，篇幅不宜过长。

本章小结：回顾本章学习，建议对以下内容予以重点关注：在税务机关公文基本规范方面，掌握税务公文定义，明确公文格式组成要素和有关规定，明晰公文的行文规则；在税务机关公文起草方面，掌握公文起草的七项要求，知晓公文行文和标点符号中易出现的错误，弄清楚公文"为什么写""应该怎样写""不该怎样写"等基本问题；在税务机关公文写作示例方面，掌握税务公文的基本含义、主要特点、写作要求，研读公文示例及分析点评，在学习中借鉴，在消化中吸收，不断提高公文写作能力和水平。

第三章　税务综合文稿写作

本章导读：税务综合文稿是指除税务公文和税务专业类文书外的其他税务文稿，是表达各级税务机关及其工作人员管理理念、工作流程、工作经验、工作成果等的综合性文字材料。本章主要介绍综合文稿中政务类文稿、事务类文稿、信息类文稿、会议类文稿的基本含义、主要特点及写作要求。

第一节　政务类文稿

政务类文稿主要包括工作计划、工作方案、工作总结等，是税务工作人员日常工作中接触较多、使用频率较高的一类文稿，在机关行政运转工作中居于举足轻重的地位，有些重要文稿的质量甚至直接关系到各级税务机关决策的权威性。

一、工作计划

（一）基本含义

工作计划是税务机关根据税收事业发展目标、上级决策部署和领导指示精神，对未来一定时期内有关税收工作所作的部署和安排，是税务机关在行政活动中较为常用的重要应用文书。

工作计划对税务系统和税务干部有指导、指向作用，能够有效增强相关工作的目标性、方向性、规范性和推动性。同时，计划本身又是工作进度和质量的考核标准，具有较强的约束和督促作用。因此，计划对工作既有指导作用，又有推动作用；制订科学合理的计划，是建立良好的工作秩序、提高工作效率和管理水平的重要手段。与工作计划相近的综合文稿，还有工作规划、工作要点等，虽然具体写作中略有差别，但本质相似，故不再一一列举。

（二）主要特点

1. 指导性。计划是对专项工作目标、任务、节点、保障、评估等诸要素的运筹，其后的工作都应按照制订的计划统筹推进、深入开展，因此计划具有较强的指导性。

2. 时效性。计划各个步骤和环节是以时间为节点，哪个时点做什么、谁去做、该怎么做、达到什么效果都有明确规定。因此，时效性是计划的一个显著特征。

3. 可操作性。计划所部署的内容需要工作人员去组织实施，实施计划就是一个执行操作的过程，具有明显的动态性和可操作性特征。

4. 约束性。计划一经制订和通过，在其指向范围内就具有了很强的约束力，所涉及的责任单位和人员都要严格按照计划所规定的时间、标准和要求去行动，使计划得到有效实施、取得成效。

（三）写作要求

1. 行文结构。工作计划一般由标题、正文、落款三部分组成。

（1）标题。一般由单位名称、时间期限、内容范围等要素组成。时间期限和单位名称的顺序根据需要可以调整，其他顺序一般不作变化。

（2）正文。一般包括前言、主体、结尾三部分。前言交代情况或说明目的意义等，主要阐明为什么，要写得简明扼要。主体是工作计划的核心内容，要阐明目标、任务、具体要求和措施办法等。全面工作计划一般采取并列式结构，结尾或突出重点或强调有关事项或提出简短号召，有的工作计划也可不写结尾。

（3）落款。一般由单位名称和时间组成，如果标题中有单位名称，落款中可省略单位名称。

2. 注意事项。制订计划类文稿，应在吃透上意、摸准下情的基础上，对未来或全局工作通盘考虑后形成，要明确某一时期内应该做什么、怎么做和所要达到的质量要求，以便对有关部门、人员和具体工作发挥有效指导作用。

二、工作方案

（一）基本含义

工作方案是税务机关对未来要做的重要工作进行的安排，是一种更周详的计划，是具有较强方向性、导向性、指导性的筹划。与此相近的还有策划书、工作预案等，但与此本质相近，不再单述。

（二）主要特点

1. 广泛性。工作方案的应用很广泛，适用范围广。从适用的主体来看，既可以是各级税务机关，也可以是税务机关内设各部门。从工作方案的内容来说，涉及政治、经济、文化及干部职工的工作生活等各方面内容。

2. 具体性。工作方案要对某项工作的目标要求、工作内容、实施的方法步骤以及组织架构、督促检查等各个环节都做出具体安排，要充分明确工作目标任务分几个阶段、什么时间开展、什么人来负责、领导及监督如何保障等核心内容。

（三）写作要求

1. 行文结构。工作要点一般由标题、正文两部分组成。

（1）标题。可分为全称式和简明式两种，以全称式居多。凡由单位、事由、文种三要素构成的为全称式；由事由、文种二要素构成的为简明式。

（2）正文。包括引言和主体两部分。

引言要求简明扼要地交代方案制订的目的、意义和依据，一般是以"为了……根据……特制定本方案"的惯常形式来表述。

主体主要包括基本情况交代和部署安排两部分内容。基本情况的交代包括诸如重大活动的时间、地点、内容、方式、主题以及主办、协办单位等。其中，时间、地点、方式等应具体明确。如果是重要工作的方案，基本情况的交代也可以是工作的时限、范围、对象、内容和重点。部署安排包括各阶段工作的内容、基本任务目标、主要措施手段、步骤做法、相应的安排和要求，包括人力、财力、物力的组织安排和部署等。

2. 注意事项。

（1）确定目标是制订工作方案的重要环节，应将实事求是和系统思维结合起来。

（2）在拟制工作方案过程中，必须运用科学民主决策的方法，借助运筹学技术，多措并举，尽量避免可能发生的问题，从而使方案更趋完善。

（3）起草多种可供选择工作方案时，要广泛搜集各种资料和理论政策的依据，进行质与量、点与面的分析，做好可行性研究，提出建议方案。或者通过对各种草案的分析、比较、鉴别、评估，在多种方案的基础上，集众智于一身，重新组合出一个新工作方案，作为最佳方案，供领导决断。

三、工作总结

（一）基本含义

工作总结是税务机关或税务干部对过去某一时期或某项工作情况进行回顾、评价和结论，以得出规律性认识从而指导今后工作的应用文体。工作总结从不同角度，可以分成不同类型。在时间上，可分为季度工作总结、年度工作总结、阶段性工作总结等；在范围上，可分为个人工作总结、部门工作总结等；在性质上，可以分为专题性工作总结、综合性工作总结等。述职报告（含专项述廉、述学报告，党建工作述职报告等）在表述上有些许差异，但本质上还属于总结文稿，不再复述。

（二）主要特点

1. 回顾性。工作总结的内容是回顾过往，目的是总结经验，查找不足，改进工作。

2. 客观性。工作总结要客观，实事求是地反映实际情况，不能添枝加叶、报喜不报忧，更不能无中生有。

3. 经验性。工作总结的对象是本人或本单位的工作情况，具有鲜明的个性化特征，所以不能随意照搬照抄，要根据实际情况撰写。通过总结，提炼出经验，获得规律性认识，以指导今后的工作。

（三）写作要求

1. 行文结构。工作总结一般由标题、正文、落款三部分组成。

（1）标题。一般有单标题和双标题两种方式。单标题一般由单位名称、时限、事由和文种构成；双标题，即正副标题式，正题揭示观点或概括内容，副题写明单位、时限、事由和文种。

（2）正文。一般包括开头、主体、结尾三部分。开头部分主要介绍基本情况，是对工作指导思想和形势背景的介绍以及总结目的、主要内容提示等，为下文进一步分析奠定基础。主体部分主要包括做法与成绩、存在的不足、经验与教训、今后打算等方面，重点围绕完成步骤、主要成绩、今后打算等方面进行叙述，多用事实和数据做支撑。结尾是正文的收束部分，针对存在的问题提出切实可行的改进措施，今后打算和努力方向，表明决心，展望前景，使今后工作扬正纠偏。

（3）落款。一般包括制发单位和日期，但标题中已注明单位名称的可省略。

2. 注意事项。

（1）用语要简练。工作总结用语要言简意赅，少用空话、套话，尤其是开头，最容易出现这一问题。

（2）逻辑要清晰。总结写作要主次分明，层次清晰，点面结合，要学会

"弹钢琴"，抓主要矛盾，不要写成豆腐账、流水账。

（3）认识要深刻。对工作总结一定要有清醒的认识，问题要深挖，这些问题有态度层面的、有能力层面的、有不可抗拒的客观因素造成的等。总结教训有利于问题尽快解决，深挖不足才能对今后的工作产生重大的指导性意义。

（4）措施要有针对性。措施要扎实有效，不能避重就轻、隔靴搔痒，或者是避而不谈，缺乏指导意义。

第二节　事务类文稿

事务类文稿是机关、团体、企事业单位在处理日常事务时用来沟通信息、总结得失、研究问题、部署工作的实用文体，在日常工作中使用比较普遍和频繁。这类文稿虽然没有明确固定的规范，但也有一些约定俗成的要素蕴含其中，而且在日常工作使用频率较高，新入职人员应该学习掌握。

一、调查（研）报告

调查报告主要是通过掌握的素材，对已发生的问题或事情的来龙去脉进行描述和分析，做出抓住本质、符合实际的正确判断，并针对事件暴露出来的问题和薄弱环节寻找规律，总结经验，进而提出具体的、有针对性的改进措施，确保对该项工作有指导性作用。

调研报告在现实工作中也常常应用，与调查报告相比，既有共性又有差异。调查报告与调研报告虽都属于报告类文稿，但二者最大的区别体现在格式和写作思路上，也可以说是工作内容的不同。调查报告侧重于说明已发生的问题或事情的来龙去脉，调研报告则侧重揭示本质，寻找规律，总结经验；调查报告基本是单个案例，调研报告则是因某个事件触发对该类问题的思考，进而开展有关研究后形成的报告。受篇幅所限，本书重点对调查报告进行介绍。

（一）基本含义

调查报告是对某项工作、某个事件、某个问题，经过深入细致的调查后，将调查中收集到的材料加以系统整理，分析研究，以书面形式向组织和领导汇报调查情况的一种文书。

（二）主要特点

1. 调查报告的基本特征。

（1）写实性。调查报告是在占有大量现实和历史资料的基础上，用叙述性的语言实事求是地反映某一客观事物。充分了解实情和全面掌握真实可靠的素材是写好调查报告的基础。

（2）针对性。调查报告一般有比较明确的意向，相关的调查取证都是针对和围绕某一综合性或是专题性问题展开的。所以，调查报告反映的问题集中而有深度。

（3）逻辑性。调查报告离不开确凿的事实，但又不是材料的机械堆砌，而是对核实无误的数据和事实进行严密的逻辑论证，探明事物发展变化的原因，预测事物发展变化的趋势，提示本质性和规律性的东西，得出科学的结论。

2. 调查报告具体类型。

（1）介绍典型经验。某一地区、某一单位，在贯彻落实党和国家的各项方针政策过程中，或在日常工作中取得了突出的成绩，为将具体做法和成功经验反映出来，可进行专题调查。介绍经验的调查报告与以反映工作成绩为主的工作通讯有些近似。区别在于调查报告重在调查，特别注重对调查过程和调查所得数据的叙述和列举。

（2）揭露问题。与上一种类型相反，这类调查报告是针对某一存在问题展开调查，以揭示这一问题的种种现象和深层原因为主要目的。它的主要功能是揭露和批判，探究问题产生的原因，分析问题的症结所在，提供解决问题的思路和方法。

（3）反映新生事物。这是针对社会现实中某种新近产生或新近有了长足发展的事物而写的调查报告。在现实社会中，新生事物总是不断涌现的。反映新生事物的调查报告的文体功能，就是全面地报道某一新生事物的背景、情况和特点，分析它的性质和意义，指出它的发展规律和前景。

3. 调查报告的作用。

（1）向读者反映情况，提供信息，交流情况，为上级决策提供依据。

（2）传播推广经验，向读者提供现实中成功或失败的典型个案，学习可供借鉴的经验或可以吸取的教训，促进工作顺利进行，提高工作效率。

（3）研究和发现现实中的重大问题，探索其中的本质和规律，提出解决问题的设想和建议。

（三）写作要求

1. 行文结构。调查（研）报告一般由标题、署名、前言、主体（正文）、结语五个部分构成。

（1）标题。

①单标题。公式化写法。公式化写法就是按照"调查（研）对象+调查（研）课题+文体名称"的公式拟制标题。如"一个富裕居委会的财务调查""国家税务总局××市税务局关于纳税服务工作开展情况的调研报告"。这样写的好处是要素清楚，读者一看就知道这是写的什么单位，涉及的是哪些问题，文种也很明确。这样写的不足之处是过于模式化，不够新鲜活泼。常规文章标题写法，具体方式可灵活多样，可以用问题作标题，可以显示作者自己的观点，可以直接叙述事实，也可以用形象画面暗示文章内容。

②双标题。双标题由正副标题组成，其中，正标题一般采用常规文章标题写法，具体手段如上所述；副标题则采用公式化写法，由调查对象、调查课题、文体名称组成，如"明晰产权起风波——对××市一集体企业被强行接管的调查""守护量的提升亟待质的飞跃——税收视域下××省××企业发展分析"。

（2）署名。在标题下面正中处署上作者个人的姓名或调查组的称谓。调研报告可在结尾后署调研单位（课题组或执笔人）和成文日期。

（3）前言。前言是全文的开端，类似新闻消息的导语，它主要是起交代领起全文的作用。它的内容可以包括调查（研）本身的情况，调查（研）对象的概况，调查（研）的目的，解决的问题，有关结论、反响等。这些内容在一篇调查（研）报告的前言中不一定全写，要根据具体情况和主体部分组织材料的结构顺序来安排，但一定要写得简明扼要，吸引读者，抓住要点，使之有兴趣读下去。常用的有以下三种类型：

①提要式。提要式就是把调查（研）对象最主要的情况进行概括后写在开头，提纲挈领，统率全文，使读者一入篇就对它的基本情况有一个大致的了解。

②交代式。在开头简单地交代调查（研）本身的情况，如交代调查（研）的时间、范围、对象、背景、调查（研）方式和结论等，使读者在入篇时就对调查（研）的过程和基本情况有所了解。

③问题式。在开头提出问题来引起读者对调查（研）课题的关注，促使读

者思考。这样的开头可以采用提问的方式引出问题，也可以直接将问题摆出来。

（4）主体（正文）。前言之后、结语之前的文字，都属于主体。这部分的材料丰富、内容复杂，在写作中最主要的问题是结构的安排，其主要结构形态有三种：

①用观点串联材料。由几个从不同方面表现基本观点的层次组成主体，以基本观点为中心线索将它们贯穿在一起。

②以材料的性质归类分层。课题比较单一、材料比较分散的调查（研）报告，可采用这种结构形式。作者经分析、归纳之后，根据材料的不同性质，将它们梳理成几种类型，每一个类型的材料集中在一起进行表达，形成一个层次。每个层次之前可以加小标题或序号，也可以不加。

③以调查（研）过程的不同阶段自然形成层次。事件单一、过程性强的调查（研）报告，可采用这种结构形式。它实际上是以时间为线索来谋篇布局的，类似于记叙文的时间顺序写法。

（5）结语。调查（研）报告常在结尾部分显示作者的观点，对主体部分的内容进行概括、升华，因此，它的结尾往往是比较重要的一个部分，常见的写法有下述三种：

①概括全文，明确主旨。在结束的时候将全文归结到一个思想的立足点上，提供清晰的理性认识。

②指出问题，启发思考。如果一些存在的问题还没有引起人们的注意，如果限于各种因素的制约，作者也不可能提出解决问题的办法；那么，只要把问题指出来，引起有关方面的注意，或者启发人们对这一问题的思考，也是很有价值的。

③针对问题，提出建议。在揭示有关问题之后，对解决问题提供一些可行的建议。

2. 注意事项。

（1）用事实说话。遵循"调查—研究—报告"的拟写步骤，严格遵循党和国家的有关方针、政策，坚持用事实说话，用调查（研）材料直接或间接表明作者的认识。其中，所使用的材料有：一是综合材料和典型材料。综合材料用于说明事物的广度，即范围、规模、效益，通过综合材料帮助读者把握整体概貌，了解总体发展情况。综合材料是对基本情况或一般情况做概括说明或扼要交代。典型材料一般对重点情况和内容做较为具体的描述和举例说明，能够给人留下深刻印象。二是统计材料。以具体数据反映工作成绩、说明问题的程度、汇报工作条件和效果等。三是对比材料。对比的方法有现状与历史的对比、先进与落后的对比、相同内容的对比和不同内容的对比。

（2）叙议结合。调查（研）报告以叙述情况、反映事实为主要内容，但必须对事实情况做必要的分析，以达到透过现象看本质的目的。因此，叙议结合、夹叙夹议是主要的表达方法。叙述是主要的写作内容，应具体，议论要少而精，并且要紧紧围绕事实，就事论事，找出根源，议论切中要害，言简意赅，起到画龙点睛的作用。

（3）多种表现方法。调查（研）报告不是文学作品，不能使用文学手法，但应适当使用图表说明、数据说明、表格说明等多种表现方法，以利于内容的表达。

二、事迹材料

（一）基本含义

事迹材料是指国家机关为弘扬正气、表彰先进、推动工作，对本单位具有突出事迹的集体和个人整理出的文字宣传材料。

从内容上分，可分为集体事迹材料和个人事迹材料。集体事迹材料是体现群体的先进事迹，如先进党支部、抗疫先进集体等。个人事迹材料是体现个体的事迹材料，如先进工作者、优秀党员等。

从先进对象的形成和内涵上来分，可分为在一个较长时间内形成的先进事迹的材料和因突发事件而产生的先进事迹的材料。

（二）主要特点

1. 事迹必须真实可靠。事迹材料所体现的先进事迹是否真实，直接关系到先进典型的生命力。只有绝对真实才能使先进典型真正起到教育人、鼓舞人的作用。因此，凡是材料中反映的先进思想、先进事迹和典型经验，一定要认真核对清楚，不能有半点虚假、拔高或拼凑甚至张冠李戴的情况，不能把道听途说、未经核实的"事迹"和"经验"写入材料。如果确实一时难以搞清楚，宁可不写也不能勉强凑数。

2. 观点和提法要分寸恰当。在叙述先进典型的先进事迹和经验时，要注意摆正先进典型和其他群众、集体的关系。许多先进个人、先进集体的事迹，都不是单枪匹马干成的，是与周围群众和其他集体、单位的大力支持分不开的。因此，讲先进典型的事迹、经验，一定要注意切不可讲那些脱离群众、脱离整体观念的过头话。否则，就不能起到先进典型的带动作用。

3. 文字要朴实简明。整理先进典型材料，主要是通过实实在在的事实说话。这就要求在语言文字的表达上，一定要善于选择那些实在、贴切的词语。不要过多选用做修饰成分或言过其实的形容词。不要讲空话、套话，硬拉架子做文章。话要说得简洁明了，凡是能用较少的话把事情说清楚的，就不要把话拉长。

（三）写作要求

1. 行文结构。事迹材料一般由标题、前言、主体、结语、署名五个部分构成。

（1）标题。事迹材料的标题，有两部分内容必不可少。一是要写明先进个人姓名和先进集体的名称，使人一眼便看出是哪个人或哪个集体、哪个单位的先进事迹。二是要概括标明先进事迹的主要内容或材料的用途。如"关于推荐××同志为全国税务系统先进工作者的材料""关于评选××党支部为省直机关先进党支部的材料"等。

事迹材料的标题一般有两种形式。单行标题，一般采用公文标题的写法，即"关于+先进对象的名称+先进事迹的主要内容（材料用途）+文种"，如"关于评选××党支部为市十佳党支部的事迹材料"。双行标题，采用正题和副题形式，正题高度概括文章的主旨，副题标明先进对象，如"一心为乡亲倾力筑和谐——×××同志先进事迹材料"。

（2）前言。开门见山地对先进对象进行介绍。前言常见的写法有三种：简介式，即用简洁明了的语言交代典型人物的姓名、性别、年龄、工作单位、职务，是否党团员以及所获的荣誉和称号。概括式，即概括典型的突出之处和先进事迹。引题式，是通过具有代表性的事例或群众对先进对象的评价引出先进对象和主题。

上报的材料可采用简介式，而登于报刊的材料则较多采用概括式和引题式。

（3）主体。事迹材料主体的写作以事迹为主要内容，写出先进单位或人物的工作经历、工作事迹及取得的成绩。为了达到写作目的，还要具体到典型事例、典型言论、典型行为、典型思想动机、典型精神品格和道德风尚以及获得的荣誉称号。在结构上可采取横式结构或纵式结构。横式结构按照材料的不同性质进行安排，纵式结构则以时间的前后或事物的发展规律为序。

为了使先进事迹的内容眉目清晰、更加条理化，在文字表述上还可分成若干自然段来写，特别是对那些涉及较多方面的先进事迹材料，采取这种写法尤为必要。如果将各方面内容材料都混在一起，是不易写明的。在分段写时，最好在每段之前根据内容标出小标题，或以明确的观点加以概括，使标题或观点与内容浑然一体。

这部分的关键是要写得既具体，又不繁琐；既概括，又不抽象；既生动形象，又很实在。总之，就是要写得很有说服力，让人一看便可得出够得上先进的结论。比如，写一位端正党风先进人物的事迹材料，就应当着重写这位同志在发扬党的优良传统和作风方面都有哪些突出的先进事迹，在同不正之风作斗争中有哪些突出的表现。又如，写一位工作创新的先进人物的事迹材料，就应当着力写这位同志是从哪些方面进行改革创新的，已经取得了哪些突出的成果，特别是创新后有了哪些明显的变化。在写这些先进事迹时，无论是先进个人还是先进集体，都应选取那些具有代表性的具体事实来说明，必要时还可运用一些数字，以增强先进事迹材料的说服力。

（4）结语。此部分可进一步概括文章主旨，或表示先进人物或单位的努力方向和决心，或以所获荣誉、成就显示其先进性，或引用群众的评价、领导的表扬，或号召向先进人物或单位学习。结尾要简洁、凝练、意尽言止，切忌画蛇添足。

实际运用中，在会议发言的事迹材料应当有个结尾，不能收束太快。以书面文章发表的事迹材料结尾可写可不写。

（5）署名。事迹材料的署名，一般来说，整理先进个人和先进集体的材料，都是以本级组织或上级组织的名义，是代表组织意见的。因此，材料整理完后，应经有关领导同志审定，以相应一级组织正式署名上报。这类材料不宜以个人名义署名。

2. 注意事项。注意事迹材料与专题经验总结的区别。二者虽然写法相似，但侧重点不同。典型事迹材料是一种通过对先进典型的优秀事迹的介绍，表现其思想、品德和情操，给人们树立行为榜样的文字材料，着重于叙述典型"做了什么"（事迹展现，讲故事）。而专题经验总结是一种介绍先进典型的工作经验或成功做法的文字材料，着重于叙述典型"怎么做"（经验介绍，讲方法）。

三、申请书

（一）基本含义

申请书是个人或集体向组织、机关、团体、单位领导等表达愿望、寻求帮助、征询解决、提出请求等事项而使用的一种文体。

申请书的种类有很多。从内容上分，有入团申请书、入党申请书、调动申请等。从形式上分，有文章式申请书和表格式申请书两种。从申请者上分，有个人申请和单位申请。

在税收工作，还有税务执法文书中的制式申请书，如《××税务局（稽查局）强制执行申请书》；行政相对人使用的申请书，如《行政许可申请书》；单位内部使用的申请书，如《复核申请书》。此类内容将在税务专业文书中详细介绍。

（二）主要特点

1. 请求性。从写作动机看，申请书的写作带有明显的请求目的。因此，在写作时要做到：称呼谦恭有礼，行文直截了当，陈述理由充分透彻，提出要求明确具体，语言朴实诚恳，态度真诚恳切。

2. 单一性。从写作内容看，申请书一般"一事一书"，内容单一明确，一份申请书一般只表达一个愿望和只提出一个请求。

（三）写作要求

1. 行文结构。

申请书有较为固定的格式，一般由标题、称谓、正文、结语、落款五部分构成。下面，主要介绍文章式申请书的格式。

（1）标题。申请书的标题有两种形式：一种是直接写"申请书"；另一种是在"申请书"前加入申请的内容，如"入党申请书"。

（2）称谓。在标题下空一行顶格书写接受申请书的组织、机关、团体、单位的名称或有关负责同志的姓名，后面加冒号。

（3）正文。正文是申请书的主要部分，应该写清以下三方面内容：一是要明确申请事项。事项要写得清楚、直接。二是要陈述申请理由。理由要写得客观、充分。三是要表达申请态度。申请书一般要表明自己的申请被批准后的态度和决心，内容可以简约一些。

（4）结语。结语要写明表示祈请的惯用语。如"特此申请""恳请批准""请领导审核批准""请求组织批准""请组织考验我"等。也可以再写上表示祝颂的话，另起一行空两格写"此致"，再起一行顶格写"敬礼"。

（5）落款。在结尾后注明申请单位名称（并加盖公章）或申请人姓名，以及申请日期。

2. 注意事项。重点注意申请书与请示的区别：

（1）请示是正式行文，属于法定公文；而申请书是日常应用文，属于非法定公文。

（2）请示必须"一事一文"，为了便于上级批复，每则请示只能要求上级批复一个事项，解决一个问题；申请书主题明确，一般"一事一书"。

（3）请示的语言风格重在简练庄重，申请书的语言风格则重在平实恳切。

第三节 信息类文稿

信息类文稿指的是税务工作中常用的新闻、信息（包括简报、专报等）等综合类文稿，在日常税务工作中发挥着信息传递、沟通工作、对外宣传、服务领导决策、推动工作开展等作用。

一、新闻文稿

（一）基本含义

新闻是新近发生的事实的报道。结合税务工作的特点，我们拟定税务新闻的定义，就是对税收工作中新近发生的重要事实的报道。

（二）主要特点

新闻文稿包括消息、通讯、评论等，其特点主要包括以下几个方面：内容要真实具体；反映要新鲜及时；篇幅要短小精悍；语言要简洁生动。其实新闻与生俱来的基本特点是两个：真实和新鲜。真实是新闻的生命，新鲜是新闻的本色。篇幅短、段落短、句子短是新闻文稿的鲜明特点。新闻文稿虽不追求文学作品那样的生动感人，但同样要注意可读性，通常包括形象具体、生动活泼、通俗易懂、亲切感人、遣词造句大众化等因素。遵循可读性原则，是新闻文稿更好地引导受众和为受众服务的关键。

（三）写作要求

事实是新闻文稿写作的基础。新闻写作要求用事实说话，语言要准确、生动地传播事实。记者写新闻就是选择、叙述事实，通过归纳、鉴别、组合，让事实呈现出本来面目。

1. 行文结构。新闻文稿的结构一般包括标题、导语、主体三部分。最常见的结构一般为倒金字塔结构，也称"倒三角"结构，是新闻文稿写作中最常用的一种结构方式。以事实的重要性程度或受众关心程度依次递减的次序，把最重要的写在前面，然后将各个事实按其重要性程度依次写下去，犹如倒置的金字塔或倒置的三角形，多用于事件性新闻的写作。倒金字塔写作方式有很多优点：便于突出新闻文稿的重要性和精华，开门见山；沙里淘金，将新闻文稿的亮点重点聚焦，便于读者阅读；对媒体编辑而言，倒金字塔结构更便于新闻文稿的删改。

（1）标题。标题是新闻文稿的眼睛，是对新闻文稿内涵的高度概括和浓缩，制作标题是新闻文稿的延续和新闻的最后完成。新闻文稿标题制作主要包括以下几点要求：

第一，题文一致。就是指标题要和内文一致，标题要反映内文的主要内容，不能以偏概全，更不能南辕北辙，题文不符。

第二，突出精华。就是将新闻文稿中的精彩部分作为标题写作内容，将新闻文稿中最具有价值和社会意义的事实写在标题之中。

第三，准确鲜明。就是新闻文稿要准确地反映事实，所以新闻文稿标题须做到表意要准确，表态要鲜明。其中表意准确包括：标题表意要准确；评价事实要准确；运用文字要准确。

第四，言简意明。就是指新闻文稿标题要简洁明快，使读者一瞥就能了解其中的意思，被读者接受。做到简洁明快，必须善于省略，锤炼语言，善于利用标题之间的关联性。

第五，生动活泼。就是指新闻文稿标题要可读性强，新闻和公文的标题一样要求准确、凝练，但新闻的标题还要求生动、形象、具体。标题要把新闻文稿中的精华告诉读者，还应讲究生动性，以优美的形式吸引读者。

（2）导语。导语是一篇新闻文稿的先导，位于开头，是新闻文稿的第一句话或第一段文字，要求用最精粹的文字，简明、扼要、生动地写出新闻文稿中最主要、最新鲜的事实，或是最能吸引受众的内容，是新闻文稿中最有新闻价值的部分。美国联合通讯社总经理梅尔维尔·斯通曾提出：新闻导语必须具备"5W1H"。即：时间（When 何时）、地点（Where 何地）、人物（Who 何人）、事件（What 何事）、起因（Why 何因）、如何（How 怎样）。

关于导语的表现形式，主要有以下三种形式：一是叙述式导语。简明扼要地写出主要事实、经验或对全篇事实材料进行综合概括，揭示主要内容。二是描写式导语。对富有特色的事实或有意义的一个侧面，用简称的笔墨进行形象描绘，给读者以鲜明的印象。三是提问式导语。把消息中要解决的问题或要介绍的经验、做法以问题的形式提出，然后用事实作答。

（3）主体。主体是新闻文稿的主要内容，是对导语提出的事实作进一步说明、解释或补充。它承接导语，详细地叙述事实、说明问题，用充足、具体、典型的材料，对导语所作的叙述作充分的展开。

新闻文稿主体的写作，符合一般记叙文的写作要求；同时要做到材料充足，语言简洁，篇幅紧凑。在内容上要中心突出，丰富充实，事例典型，表达圆满。在结构上或以时间为序，或以逻辑为序，结构要严谨，层次要分明，起承转合要自然。在表达上可采取一些文学手法及修辞手段，把事实写得具体、生动、深刻。

2. 注意事项。新闻是新近发生的事实的报道，这句话揭示了新闻的本质特征。第一，指出了新闻是"事实"的。这表明新闻的内容应当是"有准确地址"的真人真事。新闻文稿的本源在客观存在的事实，无事实不成新闻。它有别于文学的虚构，从而区别了新闻文稿的真实与文学的真实。第二，指出了这个"事实"是"新近发生的"。这表明了新闻文稿内容的时新性，使它有别于历史。第三，提出了"报道"这一行为。事实是新闻的本源，但它本身还不是新闻，还必须经过"报道"。报道这一行为后面有着丰富的动机。它总是与作者对新闻事实的看法联系在一起的。不是所有的事实都会成为新闻，只有新闻文稿在经过媒体报道之后才是新闻。作者对事实进行报道，是一个"用事实说话"的过程。我们把从事实到新闻这整个过程统称为新闻报道。概而言之，新闻文稿的基本要求就有三点：坚持真实性，注重时效性，用事实说话。

二、信息文稿

（一）基本含义

信息是通过朴实简洁的文字表述，及时、客观地传递工作动态的一种常用文稿，是对工作中新近发生的，相关领导、有关部门等欲知应知而未知的重要事实的呈现。包括信息简报、信息专报、领导参阅、动态要情等，一般呈相关领导阅、送有关机关阅以及在内部媒介上刊载。信息源于工作活动，主要用于沟通情况、反映问题、交流经验、服务领导决策、推动工作开展，涉及面广，参与度高。

（二）主要特点

信息主要定位于以下四个方面：下情上传，上情下达；宣传工作，展示形象；交流经验，相互借鉴；争取上级支持，推动工作开展。因此信息写作主要有以下特点：

1. 真实性。信息要求实事求是，客观真实地反映工作实际，表达以说明为主，一般不作带有感情色彩的分析和评论。切忌夸大成绩、回避和淡化问题。

2. 时效性。信息要求写作及时，呈报或编发迅速，第一时间反映工作动态。

3. 简洁性。信息要求开门见山、短小精悍、简明扼要、语言精练。

4. 传播性。信息是机关上级和下级、不同机关沟通工作动态的重要途径，更多时候侧重于下情上达，便于及时沟通工作。有些工作信息涉及党和国家秘密，具有保密性，不宜公开。

（三）写作要求

1. 行文结构。信息一般由标题和正文两部分组成。

（1）标题。标题是信息的点睛之笔，是对工作信息内容的精要概括，应一目了然、突出主题。信息篇幅虽小，但信息是有灵魂的。信息的灵魂在哪里？就在于信息中所表现出来的主题。构思标题的过程其实就是一个提炼主题的过程。

信息标题的拟制，主要基于三点。

一是标题要发掘最初的苗头和趋向，提升信息的新度。信息是领导的"千里眼、顺风耳"，要善于发现工作中最新出现的苗头和动向，积极归纳总结一些新问题、新情况，上升为领导的决策参考。要争取做发现新苗头的第一人。

比如，题为《某地十七岁的少年因制售假发票被判刑》的信息，该标题本身没什么问题，但未体现新意。信息员发现信息内容中提到该家族多名成员涉及此案，另外被判刑的还有一位 20 岁的女性，即 17 岁少年的表姐。信息员敏锐地感觉这是制售假发票违法行为出现的新苗头，将标题修改为：《某地制售假发票违法行为出现家族化、低龄化的苗头》。这一标题反映了最初的苗头，大大提升了信息的新度，信息报送后，受到了省领导的高度关注。

二是标题要呼应经济和税收发展形势，提升信息的深度。撰写信息需要有大局观，了解经济税收形势需要和全局情况，才能写出有深度的信息。比如，一篇题为《×企业迁出××市导致税收损失 700 万》的信息，这篇信息的标题简洁明了、要素俱全，是个不错的标题。但问题在于该市的税收规模有几千亿元，流失 700 万元影响相对较小，如果上报更高层级的领导，其信息的意义价值就不大了。信息员平时注重学习了解经济发展大局，结合全省正在推进的产业转移政策，以该信息为基础，收集了其他几例产业转移的案例，将该信息标题改为《低附加值产业出现由中心城市向周边区域转移的趋势》，呼应了经济税收发展趋势，进一步提升了信息的深度，被省政府采用。

三是标题要抓住最重要、最有意义的亮点，提升信息的高度。信息写作不能平淡无奇，记流水账，而要善于发现信息事件的亮点，提升高度。比如，题为《贵屿镇税务分局规范废旧电器回收行业税收管理》的信息，这篇信息标题普通平常，但信息员善于沙里淘金，研读该信息内容得知，贵屿镇是全国最大的废旧电器回收行业所在地，利用这个亮点将信息标题改为《贵屿镇税务分局规范全国最大废旧电器回收行业税收管理》，有效提升了信息的高度，被上级部门采用。

（2）正文。正文是对标题的展开说明、对工作情况的深入阐述，应层次分明、条理清晰。一般包括开头、主要内容和结尾三部分。信息种类不同，写法也有所区别，简单来说，就是要把握上级指示精神的要求、现有工作的状态、宣传推介的意义。以下是几种常见的信息正文写法。

做法经验类信息：简单交代背景和目的，具体介绍主要做法，概括总结成效。

问题建议类信息：说明问题的来龙去脉，分析问题产生的原因，提出解决问题的建议。提出的问题不宜太虚，应具体实在；分析问题应条理清楚，切中要害；解决问题的措施建议应从实际出发，具体可行。

落实进展类信息：明确贯彻落实的会议精神或要求，根据实际情况，反馈相关工作的安排部署、主要措施以及取得的成效等。

2. 注意事项。直接报送给上级部门和领导的信息，为领导决策提供参考，主要指信息专报。撰写好此类信息要重点把握好以下几个要点。

（1）抓住税收重点工作。比如，重点税源是上级部门重点关注对象，也是信息写作的"富矿"，要密切关注所在区域的重点税源企业，围绕企业的税收收入变化情况撰写信息。

（2）抓住税收工作中存在的问题。此类信息多以问题建议类信息为主，向上级部门反映工作中遇到的难题，为领导全面掌握情况提供参考。比如税收政策在贯彻落实中存在的问题、需要改进的工作；税收工作中新近发现的苗头性问题；税收工作中遇到的需要引起上级部门关注或帮助解决的问题。

（3）抓住税收工作堵点、难点的解决，反映成绩和经验。有的时候此类信息基于调研报告，可以将调研报告按照信息格式进行压缩提炼，形成调研类信息。

（4）通过税收大数据反映经济社会情况。随着"以数治税"时代的到来，税收大数据覆盖经济领域全、反映经济活动快、数据颗粒度细、记载经济活动准的特点日益显现。通过各类税收大数据，反映经济社会或行业的发展变化情况，这类信息尤其受到上级部门和领导的关注与重视。

第四节　会议类文稿

会议类文稿是指在会议流程中形成的文稿。此类文稿可以为与会人员商量事情、解决问题、布置工作提供参考和帮助。其中核心文稿是对会议有指导作用、反映会议主要精神的文稿，包括讲话稿、会议记录、主持词等；另一类是辅助文稿，如会议通知、会议简报等围绕会议的辅助性文稿。这里主要介绍前者。

一、讲话稿

（一）基本含义

讲话稿即在各种会议发表带有宣传、指示、总结性质讲话的文稿，是会议类文稿中最重要的组成部分。除供现场讲话使用外，根据工作需要，还可以印发成书面材料或在媒体发表。

（二）主要特点

1. 内容的针对性。讲话的内容由会议主题、讲话者和受众等因素决定，具有很强的针对性。所以工作人员在写讲话稿之前，必须了解会议的主题、性质、议题，讲话的场合、背景，领导者的意图、要求，听众的身份、背景情况、心理需求和接受习惯等。

2. 篇幅的规定性。讲话是有时间限制的，因此对讲话稿篇幅要有特定要求，不能不顾具体情况长篇大论。一般来说，表彰、通报、庆典等会议上的讲话稿篇幅不宜过长，以免喧宾夺主；而工作会上的讲话稿篇幅不宜短，以免安排部署不到位，造成执行落实上的困难。

3. 语言的得体性。为了便于讲话者表达，易于听众理解和接受，讲话稿的语言既要准确、简洁，又要通俗、生动，善于把抽象的道理具体化。另外，由于讲话具有现场性，要与听众形成良好的互动，因此撰写讲话稿时必须提前考虑和把握现场气氛和场合。

4. 起草过程的集体性。为了提高行政效率，讲话稿一般集体研究起草，有的部门还专设起草小组或者指定相关人员来完成这项工作，然后经领导或领导班子集体审核是否采用。领导一般要将写作的目的、背景、写作要求等对起草小组或起草人交代清楚，然后由起草小组或起草人按工作要求分工协作，并在起草和修改过程中集中集体智慧，反复讨论、几易其稿，才提交领导审核并使用。

（三）写作要求

1. 行文结构。讲话稿一般由标题和正文两部分组成。

（1）标题。讲话稿的标题分为两种：

①公文式标题。即由讲话人的姓名、职务、事由和文种几个要素构成的一个完整标题，和公文的规范标题比较相近，如《×××书记在全市税务系统减税降费专项工作会议上的讲话》。

②主副式标题。即由一个主标题和副标题组成的一个完整标题。主标题一般用来概括讲话的主旨或主要内容，副标题则对讲话人的姓名、职务及讲话场所进行补充说明。

（2）正文。讲话稿的正文包括开头、主体和结尾三部分。

①开头部分。首先根据与会人员的情况和会议性质来确定适当的称谓，如"同志们""各位兼职教师"等，要求庄重、严肃、得体；然后用极简洁的文字把要讲的内容概括一下，说明讲话的缘由，或者所要讲的内容重点；接着转入讲话的主体。

②主体部分。根据会议的内容和发表讲话的目的，可以重点阐述如何领会文件、指示、会议精神；可以通过分析形势和明确任务，提出搞好工作的几点意见；可以结合本单位情况，提出贯彻上级指示的意见；可以对前面几位领导的讲话做补充讲话；也可以围绕会议的中心议题，结合自己的分管工作谈几点看法等。

讲话稿的主体部分通常具有三种结构形式：

第一，板块式。即将主体分成几个板块，板块划分有五种具体方法。一是以小标题分板块。二是以顺序号分板块。三是两块式，多见于年度工作会议的讲话稿，一块是上年以来的工作总结，一块是以后的工作计划。四是纵深式，即前后几个板块的内容是由浅入深发展的关系。五是并列式，即几个板块之间没有递进关系，只是并列关系。

第二，自然式。即讲话不分板块，只分若干个自然段，多数是依照内容的逻辑关系来安排的。如某领导同志关于抓"机遇"的讲话，主体用三个段落讲了三个观点：一要站在时代的高度，认清机遇；二要有历史的责任感，珍惜机遇；三要以科学的态度，用好机遇。三个观点层层递进，一个比一个深入，形成了完整的体系。

第三，提纲式。即像列提纲那样，在一篇讲话中讲多个问题，每个问题开头有一个主题句，每个问题的篇幅都很简短。如队伍建设讲话提纲：一是总结经验，肯定成绩，切实增强做好新形势下税务队伍建设的信心；二是正视问题，分析原因，切实增强抓好队伍建设工作的危机感、紧迫感；三是着眼全局抓主动，创新举措上水平，开创全市税务队伍建设新局面。

以上所讲的多种结构形式具体用哪一种，要从五个方面考虑。

第一，从讲话既定的场合、作用考虑。如果是在年度工作会议上作报告，那自然要用板块式。

第二，从讲话既定的主题考虑。讲重大的政治问题，一般要用板块式；讲一般性的工作，则可以灵活掌握。

第三，从讲话既定的时间、篇幅考虑。如果安排的时间长、篇幅大，可以考虑用板块式；如果要在很短时间内讲完，则可考虑用提纲式或自然式。

第四，从讲话既定的对象考虑。如果对基层税务干部讲，一般不适宜采用过于简略的提纲式，而应用板块式加以详尽、通俗的说明。

第五，从讲话者的个人风格考虑。不同风格的领导在讲话中往往习惯于运用不同的结构形式，要充分考虑这一点。

③结尾部分。结尾部分因文而异，可以总结全篇，重申要点，也可以照应开头，发出号召，或者征询对讲话内容的意见或建议等。

会议类讲话一般是再次表示感谢、祝贺，或是根据对象表达特定意愿。

2. 注意事项。

（1）准确体现讲话意图。讲话意图是结合本地实际贯彻上级精神的想法和思路。起草者要准确地领会、表达讲话意图，创造性地深化、拓展讲话意图。一是要在写作前弄清讲话意图。二是要平时接触讲话人，积极揣摩讲话意图。三是通过研究会议的主题内容，把握讲话意图。四是要进入"讲话人的角色"。五是要充分发挥秘书的参谋作用，努力完善、深化、拓展讲话意图。

（2）突出权威性和针对性。讲话稿必须具有政策的权威性和现实的针对性，才能发挥讲话者的作用。突出权威性，就是要求讲话稿有理论政策依据，符合党的政策和国家的法律、法规并带有全局意义，体现讲话者的政策理论水平。重视针对性，就是要求熟悉下情，重视调查研究，深入实际摸清情况，不能照抄照转上级文件，通篇大话、空话、套话，脱离实际，泛泛而谈。

（3）主旨鲜明，重点突出。写作讲话稿要围绕一个中心话题，做到主旨鲜明、重点突出。主题是讲话稿的灵魂，主题的选择和确定既要根据会议内容和讲话扮演的角色确定，又要找准上情和下情的"结合点"，面对当前需要解决的突出问题，体现内容的指导性和针对性。突出重点，就是不能面面俱到，要抓住影响全局的主要矛盾和矛盾的主要方面集中进行论述。

（4）语言通俗，表达生动。讲话稿的语言不仅要求准确简洁，而且要生动活泼、通俗易懂，讲者讲起来自然亲切，听者听起来有趣易记。要适应口头表达特点，在不失庄重严肃基础上体现一些口语特色。在句式使用上，应尽量使用短句，避免长句，不要使用倒装句。在词语使用上，尽量选双音节词，避免过多使用文言或书面语言，避免使用生僻字。

二、会议记录

(一) 基本含义

会议记录是税务机关事务性工作中记录会议的基本情况、与会者发言内容和会议决定事项的一种综合文稿。

(二) 主要特点

1. 实录性。所谓实录，就是真实、准确、全面地记录会议过程和会议内容。重要会议的详情、过程也要求记录完整，除会议报告、发言、讲话、插话等必须翔实、完整外，与会者的"掌声""笑语"等情景也要真实、具体地记录。其中，对发言者的重要表态、观点要特别注意其完整性、准确性。如同时运用现代科技手段，与录音、录像相结合，则更能完整、形象、生动地反映会议的真实面貌。会议记录一般不得会后另行整理誊记。

2. 资料性。会议记录一般不公开，只供以后必要时查阅核实。如需公开宣示会议精神或议决事项，也是依据会议记录整理成会议纪要，印刷成正式公文上传下达，或者以会议公报的形式在新闻媒体上公开发表。而会议记录则随时间的推移，成为真实记载会议情况的原始历史资料。

3. 保密性。除了一般的会议记录不公开发布外，一些特别重要的会议具有带密级的特殊内容，这就使一些会议记录也具有保密性。因而要求与会者和记录人必须严格遵守党和国家的保密制度，不得泄露会议内容，妥善、安全地保管好会议记录。

(三) 写作要求

1. 行文结构。

(1) 会议名称。即开的是什么会。要写明召开会议的机关或组织，会议的年度或届次、会议的内容等。如"××省税务局局长办公会议"。

(2) 会议日期。即会议开始的时间。要写明年、月、日，有时还要注明上午、下午或晚上以及具体钟点。

(3) 会议地点。即会议场所的具体名称。切不可笼统地写"礼堂""会议室"，要具体地写出是哪个礼堂、哪个会议室。

(4) 与会人员或参加人员。参加人员很多的会议，可以只写参加人员的范围和人数；如果人数不多的，可一一写出出席者的姓名（按职务、单位分别排列，使人一目了然）。有固定范围的，可写上范围及缺席者。如有列席的人，也要写上他们的姓名，另外还要写上记录人的姓名，以示负责。

（5）主持人。即主持召开会议的领导人的姓名，并注明其职务。

（6）议题。即会议讨论的问题，应作为标题写在记录纸面的中心位置。

（7）与会者的发言。先写发言人的姓名，然后记下他的发言。在记录发言的时候，有的要详记，尽可能地记下发言的每一句话；有的可略记，记下发言的主要内容即可。不管哪种，都要注意如实记录，尽可能记下发言人的原话，切不可凭印象随意编写或歪曲原意。这就需要在记录时注意倾听，特别是在发言人提出问题、阐述观点、表明态度、转换话题等处，如实记录。对有争议的问题，要如实记录各人的论点和争议所在。当然，对有的人在发言过程中添加的"啊""这个""那个"等习惯用语或无关紧要的议论、离题的话语，则不必记录。

（8）决议。即会议作出的结论。一般在会议的最后由会议主持人予以归纳，记录人应逐字逐句记下。还要记下与会者对决议的态度，如果与会者一致同意，则要写上"一致同意"或"一致通过"。如果有异议，则要如实记下不同的意见。如有表决，则要记下表决的票数。

2. 注意事项。

（1）实事求是，绝对忠实于会议的原始状况。要客观、真实、准确地反映出发言人的意见和观点，特别是不同意见或反对意见。报告或讲话中的数据、决定或决议事项一定要准确无误，会议结束时，要及时核对，保证精确真实。如果当时记录时没有听清，应在会议间隔或会议结束时及时补充核实。另外，大多数发言人都有自己的讲话风格，会议记录也应保持并体现出其语言风格，记录人不应以自己的语言风格做修饰，重要会议的细节也应具体写明，不应遗漏。

（2）会议记录的文字要整洁，字迹要清楚，不得随意增删涂抹。语句要完整，标点符号要恰当正确。发言内容多时，记录的层次要清晰、分明，段落划分要恰当。

（3）会议结束时，要及时将记录送会议主持人审阅、签字。如是保密的会议记录，必须遵守保密制度，妥善保管或存档，绝对不能泄密。

（4）会议记录与会议纪要的区别。会议记录是对会议基本情况、会议召开过程、会议发言内容、会议决定事项的全面记载；会议纪要则是根据会议的宗旨和要求，综合反映会议基本情况、主要精神和主要结论的重要载体。会议记录是会议纪要形成的基础，会议纪要是对会议记录的整理、归纳、概括和提炼。

三、主持词

（一）基本含义

会议主持词是主持人主持会议时使用的带有指挥性、引导性的讲话，一般用于大型会议或正规会议。

一般大型或正规的会议都要有会议主持词，所以其使用频率较高。主持词和其他应用文一样，也有其特有的写作套路，不熟悉掌握它的写作规律，就难以得心应手，更难达极致。因此，有必要对其进行研究和探讨，以便使写出的会议主持词更规范、更具体。

（二）主要特点

会议主持词要根据会议的安排，对有关议程内容和事项作出说明，对一些重要问题进行强调，对领导讲话作出简明扼要的评价，并对会后如何贯彻落实会议精神提出要求、布置任务。会议主持词有以下几个特点：

1. 地位附属。主持词是为领导讲话和其他重要文件服务的，其附属性表现在两个方面：从形式上看，主持词的结构是由会议议程所决定的，必须严格按照会议议程谋篇布局，不能随意发挥；从内容上看，主持词的内容是由会议的内容所决定的。

2. 篇幅短小。主持词的附属性地位，决定了它只能起陪衬作用，不能喧宾夺主。因此，主持词的篇幅一般不宜过长，要短小精悍，抓住重点，提纲挈领。而篇幅过长，重复会议内容就会造成主次不分、水大漫桥。

3. 语言平实。会议主持词在语言运用上应该平实、庄重、简明、确切。要开门见山，直入主题，尽量不用修饰和曲笔。说明什么，强调什么，提倡什么，反对什么，有什么要求、建议和意见，都要一清二楚，一目了然，切忌含糊其词、模棱两可。

4. 重在头尾。会议主持词的主要部分在开头的会议背景介绍和结尾的会议总结任务布置两部分，中间部分分量较轻，只要简单介绍一下会议议程就可以了。因此，会议主持词的撰写，重点在开头和结尾。

（三）写作要求

1. 行文结构。

（1）标题。标题一般使用"主持词"或"×××会议主持词"，标题下面注明开会时间，外加括号。

（2）正文。分为开头、主体、结尾三部分。

①开头部分。这一部分主要介绍会议召开的背景、会议的主要任务和目的，以说明会议的必要性和重要性。首先宣布开会，明确会议的主要任务和目的，并逐一介绍会议内容。

②主体部分。在这一部分，可以用最简练的语言，按照会议的安排，依次介绍会议的每项议程，通常为"下面，请××讲话，大家欢迎""请××发言，请××做准备""下一个议程是××"之类的话。有时在一个相对独立或比较重要的内容进行完毕之后，特别是主要领导讲话之后，主持人要作简短的、恰如其分的评价，以加深与会者的印象，引起重视。

③结尾部分。这一部分主要是对整个会议进行总结，并对如何贯彻落实会议精神提出要求，作出部署。从整体上对会议进行概括总结，旨在说明这次会议所取得的成果，解决了什么问题，明确了什么方向，提出了什么思想，采取了哪些措施，等等。

2. 注意事项。

（1）要清楚议程，认真谋篇布局。在写一篇主持词之前，一定要清楚地知道会议的背景和每一项议程，参会人员。介绍背景要简单明了，寥寥数语即可。因为，介绍背景的目的在于引出会议的主要任务来。会议的主要任务要写得稍微详尽、全面、具体一些，但也不能长篇大论。

（2）要简明扼要，不要重复啰嗦。主持词的篇幅一般不宜过长，要短小精悍，抓住重点，提纲挈领。开头要直奔会议主题、简介会议程序、与会对象和与会要求；主体要简洁自然，衔接巧妙；结尾要结束明快，收缩有力。

（3）要摆正位置，不要错位越位。一般来说，担任会议主持人员的职位，既低于参加会议的最高领导，又高于与会对象。这样一个特殊的角色，要求主持人做总结时要符合身份，提要求时须符合主管业务的特点。

本章小结：本章主要介绍了政务类文稿、事务类文稿、信息类文稿、会议类文稿等四类税务综合文稿的基本含义、主要特点及写作要求。这些文稿与公文的最大区别是，应用范围更大、适应面更广、使用频率更高，税务机关中几乎各个部门和岗位都会应用到此类文稿。因此，一定要在思想上加以重视，注意其与公文的格式、语言和用途的区别。

第四章　税务专业文书的制作与使用

本章导读：本章主要介绍税务专业文书的概念、类型、特点及作用，重点介绍典型的税务专业文书——税务执法文书。通过对几种典型执法文书的使用分析，为税务干部提供了解和认识、判断和使用税务执法文书的基本依据和方法，阐述了说理式执法文书写作的规范要求。

第一节　税务专业文书概述

税务专业文书属于税务领域的"专用文书"，其制作与使用大都服务于税务部门开展工作的特殊需要。对税务专业文书基本情况的认识与理解，有助于我们对现实工作中所遇到的种类繁多的文书进行有效整理和规范化的使用。

一、税务专业文书的界定

税务专业文书属于"专用文书"类，具有三个特点：一是制作和使用主体特定化，依据《全国税务机关公文处理办法》规定，税务部门经授权成为制作与使用税务专业文书的特定部门；二是文书用途的专业化，税务专业文书应当适用于履行职责、处理特定业务问题和对外执法；三是税务专业文书应当保持内容上和形式上的专门化。综上所述，税务专业文书是指税务部门为满足履行职责、处理特定业务问题和对外执法的需求而依据法定授权制作并按照一定程序使用的，具有法律效力或法律意义的文书总和。

二、税务专业文书的分类

按照内部外部的标准，税务专业文书可以分为外部行政的执法性文书与内部行政的管理性文书。按照法律上的实体与程序来划分，可以分为实体类税务专业文书与程序类税务专业文书等。除此类大框架性的分类外，还有以下几种常见的分类方式。

（一）按照制作形式划分

按照文书的制作形式，可以将税务专业文书分为表格类、填空类、叙议类和笔录类。这种分类方法有利于归纳各类文书的不同写作规范和写作要求，为文书的制作练习和业务培训提供了方便。

1. 表格类专业文书

表格类专业文书制作方法简单，只要依照实际情况和法定格式，把有关内容填进印制好的表格中即可。如《税务登记表》《变更税务登记表》《调取账簿资料清单》《查封商品、货物或者其他财产清单》等。表格类文书在整个税务专业文书中占有不小的比例。

2. 填空类专业文书

填空类专业文书制作方法也比较简单，很多填空类专业文书其实是像表格类专业文书那样填写固定的空格，如《税务检查通知书》《询问通知书》《调取账簿资料通知书》等。还有一些填空类专业文书需要根据情况，简单地进行叙述和分析，其中的某些内容，如事实、理由和证据，需要一定的写作技巧，因此，它比表格类专业文书制作内容的要求要略微高一些，如《责令限期改正通知书》《税收保全措施决定书》等。填空类法律文书在整个税务专业文书中也占有大量的比例，制作和使用中尤须仔细认真。

3. 叙议类专业文书

叙议类专业文书主要是指需要在正文制作部分运用具体的叙述、议论、说明等表达方式制作的专业文书。如《税务处理决定书》《税务行政处罚决定书》《回避申请书》《强制执行申请书》等均属于此类文书。叙议类专业文书在整个税务专业文书中所占的比例数量并不大，但这类文书的内容无法完全用格式固定下来，格式只是为这些法律文书规定了框架，至于如何运用叙事、说理和说明来制作，则要依照相关法律事务的不同情况来具体把握。因而这类文书制作的难度最大，是研习的重点。

4. 笔录类专业文书

"笔录"原本是公安司法机关工作人员及律师、公证、仲裁等其他法律工作者在办理诉讼法律事务和其他非诉讼法律事务时，依法记录法律事务活动过程的书面材料。但实践中大部分笔录是不同的法律主体通用的。因此税务工作领域中也有大量笔录类的专业文书。笔录不仅记载了处理专业事务的整个情况，而且也是认定事实、处理案件和其他法律事务的重要证据，具有重要的法律意义。笔录类文书有制作格式要正确、手续要完备合法、如实记载法律事务活动的全过程等特殊要求。

（二）按照文书用途划分

根据税务专业文书使用的用途不同，可以大致分为登记类、申报类、认定类、通知类、证明类、检查类、处理类、执行类和裁决类等。这种分类方式来源于我国社会保险费及其他基金规费文书式样的惯常分类。2015 年 12 月 31 日，依据国家税务总局发布的《社会保险费及其他基金规费文书式样》（国家税务总局公告 2015 年第 98 号），废止《国家税务总局关于印发税务机关征收社会保险费表证单书（样式）的通知》（国税函〔2005〕891 号）中的附件 2 至附件 9 的文书；制定公布了《社会保险费及其他基金规费文书式样》共计 34 项，这 34 项文书的分类即按照登记类文书（编号简称为 DJ）、申报类文书（编号简称为 SB）、检查类文书（编号简称为 JC）、执法类文书（编号简称为 ZF）来进行划分的。2015 年 12 月 31 日，国家税务总局关于印发《税务机关征收社会保险费及其他基金规费管理类文书式样》的通知中，还增加了认定类文书（编号简称为 RD）、证明类文书（编号简称为 ZM）。

上述各种类型的文书也同样广泛运用在国家税款征收和管理过程中，如《税务登记表》《变更税务登记表》《发票领用簿》《购用发票申请表》等，部分文书如通知类、执行类、裁决类文书也同样运用在税务执法工作中。

（三）按照行为性质划分

税务专业文书还可以根据税务行政行为的性质来进行划分，可分为行政确认类专业文书、行政登记类专业文书、行政许可类专业文书、行政征收类专业文书、行政协助类专业文书、行政处罚类专业文书、行政强制类专业文书等。这种分类方式依赖于学理上对于具体行政行为的类型化，因此具有较强的学术意味。当然也由于其具备学术性的特征，这种分类方式在实践中常用于对各类专业文书的深入分析，不仅可以分析文书的基本类别，还能透过文书来分析其后行政行为的基本性质与基本特征，更有利于税务工作人员对专业文书和税务行政行为以及两者之间的关系，形成更清晰的理解与认识。

需要指出的是，上述各类文书，由于种类繁多，本书不可能一一讲述，所以在安排内容时有所侧重。在税务应用文写作的学习与工作实践中，对于各类专业文书的使用侧重也存在差异。诸如大量的填空类、表格类文书，由于其格式比较固定，内容要素简单，具体写作要求简便，因此在文书写作学习与实践工作中都不作为重点内容，本教材只是根据需要做些必要的介绍。而类似叙议类文书以详细叙述和充分说理为基本特征，具有一定的写作难度，而且这类文书在行政管理与税务执法活动中的地位举足轻重，虽然在数量上没有填空类和表格类文书多，但却是我们学习和研究的重点，应当引起我们的重视。

三、税务专业文书的主要特点

尽管实践中税务专业文书数量庞大且种类繁多，但总体上看，这些专业文书有如下共同特点：

（一）合法性

税务专业文书的制作与使用必须符合法律规定，这种合法性具体表现在以下几个方面：

1. 制作主体和权限合法。正如前文所述，税务专业文书因其种类的特殊性要求，其制作主体需要特定并且合法。税务专业文书是税收管理和税务执法的载体，是税务机关行使行政职权的具体体现。很多税务专业文书，尤其是其中大量的税务执法文书直接影响特定纳税人缴费人的权利义务，涉及对其人身、财产等的处理，因而必须严格限制税务专业文书的制作主体，以保证行政权力运用主体的合法性，保护行政相对人的合法权益。因此，税务执法文书只能由法定（或经授权的）主体制作，且该主体只能在自己的职权范围内制作相应的专业文书。

2. 格式和内容合法。税务专业文书格式的合法性主要体现在《中华人民共和国税收征收管理法实施细则》（以下简称《税收征管法实施细则》）第一百零七条，该条规定"税务文书的格式由国家税务总局制定"。这不但是一种授权，同时也是一种法律指令和要求，即要求国家税务总局制定全国统一使用的税务执法文书格式。因此，国家税务总局制定的税务执法文书不但具有合法性和法律效力，而且对其格式各级税务机关都应当遵循，不得随意变更。另外从内容上看，税务专业文书所确定的内容，所规定的当事人权利与义务必须具有法律依据，符合法律的规定，否则该执法文书也不具有法律效力。

3. 使用程序合法。税务专业文书的使用是税务机关做出行政行为的重要步骤，因此文书的使用必须符合税务机关及其职能部门内部行政程序和外部执法程序的要求。有的执法文书在使用时有前置程序以及顺序的要求。如果在使用时没有遵循法定程序，该执法文书便不具有法律效力。例如，税务机关在实施税收保全、税收强制执行、查询存款账户和储蓄存款以及调取当事人的账簿资料时，根据《中华人民共和国税收征收管理法》（以下简称《税收征管法》）第三十八条、第四十条、第五十四条、第五十五条以及《税收征管法实施细则》第八十六条之规定，必须经税务局局长批准方可实施上述行政行为。如果没有经税务局局长批准，即完成法律法规所规定的程序就直接实施上述行政行为，使用并送达《调取账簿资料通知书》《税收保全措施决定书》《冻结存款通知书》《税收强制执行决定书》等执法文书，或者先使用、送达上述执法文书，然后由税务局局长补充批准，那么，所有上述行政行为以及相应执法文书都不具有法律效力。

（二）规范性

出于税务工作的严肃性和统一性的需要，税务专业文书特别讲究格式化和规范化，其规范性主要体现在两个方面：

一方面，税务专业文书在内容上应当保持规范化。例如，制作行政处罚决定书，其总的部分应写明首部、正文和尾部。在文书首部应当写明文书的制作机关、文书名称、文书编号，当事人的基本情况，案由、案件来源等；在正文中应当写明案件的事实及证据、法律依据、具体情节和处罚决定；最后尾部应当交代有关事项，并有签署、日期、用印、附注说明等。此外，具体内容的写法也有规范性的要求，如叙写被处罚相对人的基本情况时，如果被处罚的相对人是公民，应当写明该公民的姓名、有效身份证件号码、住址等事项；如果被处罚的相对人是法人或者其他组织，应当写明该法人或者其他组织的名称、地址、统一社会信用代码等事项，没有统一社会信用代码的，填写纳税人识别号。写明上述情况，是为了通过这些特定的要素将被处罚相对人确定下来。再如，叙写案件事实时，为了把案件事实阐述清楚，通常需要写明案件发生的时间、地点、起因、过程、结果等事项，从而为下文阐述处理理由、叙写处理决定奠定基础。只有事实阐述清楚了，依据事实和法律作出的处理决定才能使行政处罚相对人心服口服。

另一方面，税务专业文书在用语方面应当保持规范化。句式主要采用陈述句或判断句。文书中对某些名词的使用简称应当注明，对当事人的称谓因文书而异，语言应严肃客观，避免情绪化表达或文学手法的修饰。

（三）强制性

税务专业文书由于其在税务机关业务工作中所发挥的重要作用和所具备的合法与规范的特征，使税务专业文书成为依法治税的重要手段，因此也具备了强制性的基本特点。这种强制性主要体现在外部，如很多对外的税务专业文书一经送达并生效后就有了以国家强制力为保障的法律效力，只要是生效的文书，除该执法文书依法被税务机关或人民法院撤销之外，纳税人缴费人或者扣缴义务人就必须依法履行执法文书所确定的法定义务。否则，税务机关有权依法强制其履行法定义务，或申请人民法院强制其履行法定义务。

四、功能作用

（一）记载功能

记载功能是指税务专业文书的使用本身是一种要式化的行为，是需要通过文字忠实记录来表现税务机关相关业务工作的开展、执法活动的全过程和纳税人缴费人的法律行为及其后果。尽管能够记载和表现上述这些内容的方式方法多种多样，但税务专业文书的这种记载和表现是最常用、最正规的方式。同时，这种记载还具有法制宣传方面的作用，为法制宣传提供文字材料和真实案例。

（二）规范功能

制作和使用税务专业文书，其根本目的在于落实税务机关的基本工作职责，并且在落实工作的过程中，对其行为进行有效规范与控制。税务专业文书不仅与业务工作的内容相关，更是税务机关大量对内对外工作程序的重要组成部分。税务机关是否按照专业文书的内容与格式要求进行填写或使用，是衡量执法行为程序合法与否的重要尺度。如果专业文书的制作不符合要求、不规范，则不仅直接影响文书本身的效力，而且还表明税务机关内部管理程序或对外执法程序本身可能存在瑕疵。因此，从文书制作的角度来看，规范和控制税务行政权、执法权也是专业文书的重要作用之一。

（三）凭证功能

由于行政专业文书具有反映税务行政业务工作、管理工作和执法活动与处理结果的记录功能。因此，按照相关法律法规的要求，这些活动的每一阶段、每一环节都要以文字形式反映在相应的专业文书中。每份专业文书是对税务机关某一工作与行为活动的实时记录，是进行下一步工作的文字依据和前提条件，因此，这些文书也天然具备了作为税务行政行为凭证的功能。例如，《税务行政处罚决定书》既是税务机关执法活动的凭证，又是这种活动的记录。如果行政相对人对行政主体作出的行政处罚决定不服，需要向法院提起行政诉讼时，该行政处罚决定书既是当事人的重要证据，同时也是法院审查、监督行政行为合法性的凭证。

（四）评价功能

税务专业文书还具有评估评价和衡量文书制作质量和干部人员业务水平的作用与功能。专业文书以文字记录业务工作和执法活动的过程及其结果，使人们能清晰了解文书的制作质量、工作人员的业务能力、执法人员的执法情况等，便于有关部门，如监察部门、法制部门、人事部门等有针对性地对业务部门各类行政人员和一线执法人员进行业务考查和执法监督，并对其作出客观评价。例如，国家税务总局会根据工作任务情况开展税收执法大督察，税收执法大督察也是税务系统参与单位最多、规模最大的监督检查，是对重要税收政策落实情况开展的一次全面、真实、准确的检验。在大督察行动中，专业文书的制作和使用情况也是检查的重要内容，因此，文书质量优劣与水平高低直接影响对相关工作的评价。

（五）保障功能

税务专业文书是税务行政行为和执法活动的载体，是对整个行为的过程和结果的记录，因此，对保障公民的知情权有重要意义。依据《纳税人权利与义务公告》（国家税务总局公告 2009 年第 1 号），税务专业文书的制作和使用同时具有帮助税务机关履行告知义务的作用和保障纳税人缴费人和扣缴义务人知情权的效能。例如，税务行政执法的告知义务是税务行政主体在履行行政执法职责的过程中通过一定方式告诉纳税人缴费人和扣缴义务人享有哪些权利和承担哪些义务，如何行使权利和履行义务以及其他事项的义务或职责。这种告知义务既是对纳税人缴费人和扣缴义务人作为一般行政行为相对人所拥有的知情权的保障，又是税务机关行政公开原则在行政执法过程中的重要体现和内在要求。在税务执法工作中，执法主体履行执法告知义务的主要方式就是向行政相对人送达写有相关告知事项的执法文书，基本上执法文书一旦送达行政相对人手中，执法主体的告知义务就履行完毕。因此，从权益保障的角度来看，税务专业文书的作用是无法取代而又行之有效的。

（六）学习功能

学习功能是指税务专业文书本身具有的观摩、比照、学习和参考功能。税务专业文书在制作和写作中的相互借鉴，其目的是取长补短、吸取经验教训。广大税务干部，尤其是一线的税务执法人员应该研习、参考高水平的文书，学习和借鉴其中的经验。例如，为贯彻落实党的十九届五中全会关于建设依法行政的政府治理体系的重大决策部署，推动转变稽查执法理念，优化稽查执法方式，提高案件查办质效，促进征纳关系和谐，国家税务总局开展了税务稽查"说理式执法"的相关工作。"说理式执法"的写作模式在我国还较为新颖，因此观摩样本、学习和借鉴此方面的写作经验是快速提高"说理式执法文书"写作水平的重要方法。

第二节 税务执法文书的使用规范

税务执法文书是税务机关行使职权、履行职责的基本书面载体和直观凭证，同时也是税务机关依据税收法律法规，通过法律程序做出的书面结果，是最为典型的税务专业文书类型。正确制作与使用税务行政执法文书，对于提高税务机关依法治税、依法行政水平具有重要作用和意义。

一、税务执法文书概述

（一）概念界定

税收执法是指国家税收执法主体依据法定的职权、按照一定的执法程序和相关制度将税法的一般实体性税收法律法规适用于纳税人缴费人和扣缴义务人，从而调整税收关系，引起税法关系产生、变更和消灭的活动。[①] 因此，税务行政执法文书即指税收执法主体在执法活动中依法制作和使用的具有特定法律效力或者法律意义的文书总和。一般可以分为内部文书和对外执法文书。

内部文书，是指体现税务机关做出决定前的意志形成和表达过程等内部程序的文书总和。从现代行政系统的角度来看，这些内部程序包含了决定立案（或立案受理）、指派经办人员、检查调查、听取意见、咨询论证、审查审核、请示汇报、批复和讨论决定等一系列程序过程。《部分税务稽查内部管理文书

---

① 刘剑文.财税法学［M］.4版.北京：高等教育出版社，2021.

式样》（税总发〔2018〕133 号印发）中所列举的文书基本都属于此类。这些文书的制作形式既包括各种表格类文书（如《检举税收违法行为登记表》《税收违法检举案件情况报告表》《税务稽查审理审批表》等），又包括许多公文形式的文书（如《税收违法检举案件催办函》《税收违法案件交办函》《税收违法检举案件延期查处批复》《税收违法案件集体审理纪要》等），还包括许多综合文稿形式的文书（如《税务稽查报告》《税务稽查审理报告》等）。可以看出，税务机关内部文书基本是按照税务公文、税务综合文稿中等各类文体的规范要求进行制作和使用的。而且由于此类文书一般不需要在税务执法中送达给税务行政相对人，对其权利义务并不产生影响，此处并不对其进行赘述。

对外执法文书，主要是指税务执法机关在对外执法活动中，处理典型程序性和实体性事项时所制作和使用的文书。由于这些事项对税务行政相对人的权利义务产生重要影响，所以本书将对其中具有典型性的文书进行详细分析。

（二）基本格式

税务执法文书的格式一般由首部、正文、尾部三部分组成。

首部，主要包括机构名称、文书类别名称、发文字号等。机构名称是指作出发出该文书具体主体的名称；文书类别名称是指该文书种类的名称，如《税务行政处罚决定书》；发文字号是发文机关在某一年度内所发各种不同文件总数的顺序编号，由发文机关的收发文责任部门负责统一编排。发文字号应当包括机关代字、年份代码、发文顺序号。上述三者中，发文字号是为了方便归档和查询，其缩写应注意与机构名称、文书类别对应起来，防止产生不必要的纰漏。

正文部分，包括事由与结论等。按照文书的表达方式与表现形式，税务执法文书可分为填空式文书，如《税收保全措施决定书》；表格式文书，如《税务行政处罚决定书（简易）》；文字叙述式文书，如《税务行政处罚决定书》；笔录式文书，如现场笔录等。不同种类的文书，在格式的设计与制定上要求是不同的。

对于填空式、表格式文书，这类文书的特点是要素设计要求全面，填制相对简单，做到有空必填即可，关键是这个"空"的设计要全面、科学、实用。因此，这类文书在格式方面应根据具体执法行为的内在要求进行全方位要素设计。只有设计的要素齐全，才能客观反映出税务执法从程序到实体的内在要求，反映出征纳双方权利与义务的对等及责任的明确。

对于文字叙述式文书，这类文书的特点是设计制定相对简单，但内容撰写部分要求比较高。在税务执法文书中，典型的文字叙述式文书当数《税务行政处罚决定书》和《税务处理决定书》两个结论性文书。国家税务总局明确要求加强这类执法文书的释法说理的内容，增强其说服力。因此可以看出，决定文字叙述式文书质量的应当是撰写的内容部分。

对于笔录式文书，该文书的特点是在格式设计上首部格式为填空式，正文部分为问答式。对于首部格式，同样要求设计要素要齐全，而对于正文部分的格式很简单，只要求以问答形式一问一答即可。

尾部包括机构名称、印章、时间，如果有告知内容，也放在尾部。

（三）固定要素

税务专业文书大都具备一些固定的要素，以税务执法文书为例，主要包括以下几点：

1. 法律依据明确。我国《税收征管法实施细则》第一百零七条明确规定，税务文书的格式由国家税务总局制定。国家税务总局依据相关行政法律要求及税务执法工作实践的需求，规划、设计、制定出科学实用的税务执法文书种类，以满足税务行政执法工作的需要。因此，每一类税务执法文书都有相应的法律依据，例如，《不予税务行政处罚决定书》的法律依据是《税收征管法》第八十六条、《中华人民共和国行政处罚法》第三十三条、第五十七条。

2. 适用范围明确。每一类税务执法文书都是依据相应的事实依据作出的，即都有相应的适用范围，因此对于税务执法文书的适用应该首先了解其适用范围，以免适用错误。例如，《税务行政处罚决定书》是税务机关在对纳税人、扣缴义务人及其他当事人作出税务行政处罚决定时使用。

3. 理由与法律后果明确。对于一份税务执法文书，首先要表明作出该文书的理由是什么，使得税务行政相对人能够更信服地接受执法文书所涉及的法律后果。理由和法律后果是税务执法文书的主体部分，有的只需要按照文书的格式进行填写即可，如《暂缓或者分期缴纳罚款通知书》；有的却需要详细地论述理由及其最终的法律后果，如《税务行政处罚决定书》。因不同的税务执法文书所处理的事务不同，其复杂程度也不同。

4. 附带救济途径。如果税务执法文书所涉及的法律后果对于税务行政相对人来说是不利的，那么其就拥有相应的法律救济途径，该救济方法应该在文书中记载清楚。例如，对于《税务行政处罚事项告知书》进行听证的权利，对于《税务行政处罚决定书》进行行政复议或行政诉讼的权利。税务执法文书本身也是行政救济或司法诉讼的重要证据之一，因此在制作税务执法文书应严格依法书写。

（四）语言规范

文书的格式不同，填制要求也不一样。例如，程序性文书大多表现为填空式、表格式文书，填制要求是有空必填、不能有漏空的情况。实体性文书多为叙述式文书，要求说明情况准确无误，表达清楚；观点与材料统一，阐述理由充足，说明有力；理由合情、合理、合法；层次结构清晰，不产生歧义等。

二、税务事项通知书

《税务事项通知书》是税务机关就有关涉税事项以及必须履行的税务事项程序向相对人发送的，以便其办理相关手续的税务执法文书。《税务事项通知书》是依据《税收征管法》《税收征管法实施细则》设置的，是税务机关在税收执法过程中经常使用的执法文书之一。

（一）文书式样

＿＿＿＿税务局（稽查局）

税务事项通知书

＿＿＿税通〔　〕　号

＿＿＿＿＿＿＿＿：（纳税人识别号：　　　　）

　　事由：

　　依据：

　　通知内容：

税务机关（印章）

年　　月　　日

（二）适用范围

按照《税务事项通知书》标准式样后所附的"使用说明"规定，《税务事项通知书》主要用于税务机关对纳税人、扣缴义务人通知有关税务事项时使用。除法定的专用通知书外，税务机关在通知纳税人缴纳税款、滞纳金，要求当事人提供有关资料，办理留抵退税，处理异常增值税扣税凭证，变更检查人员、变更检查所属期，办理有关涉税事项时均可使用此文书。

需要注意的是，在《全国统一税收执法文书式样》（国税发〔2005〕179号印发）中，《税务事项通知书》的制作机关为"××税务局"，其所适用的范围主要是指税收征管程序。但《国家税务总局关于修订部分税务执法文书的公告》（国家税务总局公告2021年第23号），将《税务事项通知书》制作机关修改为"××税务局（稽查局）"，由此该文书的适用范围不仅包括一般的税收征管程序，也同样适用于税务稽查程序。例如，在税务稽查环节，检查结束前，检查人员发现被检查对象存在税收违法事实时，根据《税务稽查案件办理程序规定》第三十五条规定："检查结束前，检查人员可以将发现的税收违法事实和依据告知被查对象。"此时便可以采用《税务事项通知书》将发现的税收违法事实和依据告知被查对象。

（三）内容构成

《税务事项通知书》标准式样后所附的"使用说明"中对文书的内容构成和规范做了简要的规定：

1. 首部。由制作机关、文种和文书编号组成。其中制作机关由原先的"××税务局"已更改为"××税务局（稽查局）"

2. 正文。由抬头、事由、依据、通知内容组成。文书的抬头部分需要填写被通知人名称或者姓名，统一社会信用代码或者有效身份证件号码，没有统一社会信用代码的，以纳税人识别号代替；事由部分需要简要填写通知事项的名称或者实质内容；文书的依据部分应当写明所依据的法律、法规、规章和规范性文件的名称、文号、所依据的具体条、款、项以及原文引用的内容；最后通知内容部分应当明确告知被通知人履行义务的具体要求、不履行的后果及被通知人的基本权利。

3. 尾部。包括发文机关（加盖公章）与发文时间（年、月、日）。

（四）注意事项

1. 一般来说，《税务事项通知书》是一个有主名的框架性文书，虽然可以通用于向税务行政相对人通知特定税务事项的各种情况，但除此以外，实践中还有诸多具体的税收征管程序和税务稽查程序的通知类文书式样。按照《税务事项通知书》所附的"使用说明"中关于适用范围的表述"除法定的专用通知书外……"意味着《税务事项通知书》不能与法定的专用通知书混同使用，如果税收法律法规、规章和国家税务总局规范性文件中规定了并且依然有效的专用通知书时，应当使用专用通知书。例如，《税收征管法》第五十九条规定："税务机关派出的人员进行税务检查时，应当出示税务检查证和税务检查通知书……"，此时就不能用《税务事项通知书》来代替《税务检查通知书》。

2. 《税务事项通知书》属于程序性税务执法文书，一般不涉及税务行政相对人的实体权利和义务，更多地发挥的是信息传达和交流的功能，从文书式样后所附的"使用说明"中的表述来看，《税务事项通知书》还承担着"通知纳税人、扣缴义务人、纳税担保人缴纳税款、滞纳金、要求当事人提供有关资料、办理有关涉税事项"等功能，因而实践中，也有部分税务机关将它使用于涉及纳税人或当事人的实体权利和义务的情境中。事实上这种情况已经在个别司法案件中有所讨论。例如，"××公司诉××市××区税务局行政撤销行政裁定书案"中就关于涉诉《税务事项通知书》是否对税务相对人的权利义务产生实际影响，是否属于法律规定的可诉事项这一问题展开过分析，法院认为："根据《中华人民共和国行政强制法》的要求，在作出强制执行决定前以涉诉税务事项通知书的形式催告原告××公司限期履行生效法律文书确定的义务。被告××市××区税务局所做催告行为系准行政行为，该催告行为并不增加或减损行政相对人的权利义务，仅通知行政相对人按照已经生效的行政决定所明确的义务限期履行。故涉诉税务事项通知书仅重复已生效行政决定给行政相对人确定的义务，未对原告××公司的权利义务产生实际影响，不属于法院行政诉讼的受案范围，故不符合行政诉讼案件的受理条件。"从司法裁判的视角可以看出，《税务事项通知书》仍然主要被看作是程序性执法文书，并不直接具有实体权利义务处理的功能，实体处理问题仍然应当由其他文书予以解决，两者不能互相替代。

三、税务检查通知书

《税务检查通知书》是指税务机关对税务行政相对人执行税法的情况进行检查时制作并应出示的税务执法文书。这里需要提前说明两点：第一，由于税务机关所进行的税务检查既包括日常检查也包括税务稽查，因此税务机关征管部门与稽查部门在进行检查执法时均可运用此文书。这里主要以稽查部门行使检查权的情况为主，《税务检查通知书》在这里仅指税务稽查部门依法通知纳税人或者扣缴义务人接受税务检查的税务执法文书。第二，原先国家税务总局制定的《税务检查通知书》的式样分为"《税务检查通知书（一）》"和"《税务检查通知书（二）》"两种，分别适用于"对纳税人、扣缴义务人实施税务检查时使用"和"向有关单位和个人调查纳税人、扣缴义务人和其他当事人与纳税、代扣代缴、代收代缴税款有关的情况，或者需要协查案件时使用"。《国家税务总局关于修订部分税务执法文书的公告》（国家税务总局公告2021年第23号）将原先《税务检查通知书（二）》改名为《税务协助检查通知书》。至此，《税务检查通知书》和《税务协助检查通知书》替代了原先"格式一"与"格式二"，修改后更加符合该文书的实际使用场景，有利于减少歧义和误读。

（一）文书式样

＿＿＿＿＿＿税务局（稽查局）

税务检查通知书

＿＿＿＿＿税检通〔　　〕　号

＿＿＿＿＿＿＿＿＿＿：（纳税人识别号：＿＿＿＿＿＿）

　　根据《中华人民共和国税收征收管理法》第五十四条规定，决定派＿＿＿＿＿＿等人，自＿＿＿年＿＿＿月＿＿＿日起对你（单位）＿＿＿年＿＿＿月＿＿＿日至＿＿＿年＿＿＿月＿＿＿日期间（如检查发现此期间以外明显的税收违法嫌疑或线索不受此限）涉税情况进行检查。届时请依法接受检查，如实反映情况，提供有关资料。

税务机关（印章）

年　　月　　日

　　告知：税务机关派出的人员进行税务检查时，应当出示税务检查证和税务检查通知书，并有责任为被检查人保守秘密；未出示税务检查证和税务检查通知书的，被检查人有权拒绝检查。

（二）适用范围

按照文书式样后所附的"使用说明"规定，《税务检查通知书》是在税务检查人员依法对纳税人、扣缴义务人实施税务检查时使用。具体来说，要与《税收征管法》第五十四条规定的税务检查权限相一致。即应当在进行以下税务检查时使用：①检查纳税人的账簿、记账凭证、报表和有关资料，检查扣缴义务人代扣代缴、代收代缴税款账簿、记账凭证和有关资料；②到纳税人的生产、经营场所和货物存放地检查纳税人应纳税的商品、货物或者其他财产，检查扣缴义务人与代扣代缴、代收代缴税款有关的经营情况；③责成纳税人、扣缴义务人提供与纳税或者代扣代缴、代收代缴税款有关的文件、证明材料和有关资料；④询问纳税人、扣缴义务人与纳税或者代扣代缴、代收代缴税款有关的问题和情况；⑤到车站、码头、机场、邮政企业及其分支机构检查纳税人托运、邮寄应纳税商品、货物或者其他财产的有关单据、凭证和有关资料；⑥经县以上税务局（分局）局长批准，凭全国统一格式的检查存款账户许可证明，查询从事生产、经营的纳税人、扣缴义务人在银行或者其他金融机构的存款账户。税务机关在调查税收违法案件时，经设区的市、自治州以上税务局（分局）局长批准，可以查询案件涉嫌人员的储蓄存款。税务机关查询所获得的资料，不得用于税收以外的用途。

（三）内容构成

1. 首部。主要包括文书标题、文书编号两部分，制作规范与公文要求一致。

2. 正文。主要包括抬头、通知内容和告知事项三部分。其格式已在式样中按统一标准制作，实践中直接填写使用即可。

3. 尾部。主要包括发文机关（加盖公章）和发文时间（年、月、日）。

（四）注意事项

除了文书式样后所附的"使用说明"中提及的事项外，《税务检查通知书》的使用还应当注意：

1. 关于"检查原因"的表述。尽管在文书标准式样中并无此类表述，但根据正当程序原则，可以在通知内容前增加有关"检查的原因"的表述。按照工作惯例，税务机关一般不会毫无理由地对某个相对人实施检查，毕竟实施检查是对相对人日常生活生产工作带来不便，从而间接对其权益造成影响的行政行为，因此有必要在实施检查前向对方说明理由与原因。现实中，税务机关对某相对人实施检查的原因有很多，如大数据随机选取、专项检查、举报或者来自外省税务部门请求协查等原因。将检查的原因和理由告知相对人，不仅符合正当程序原则，而且也是说理式执法的进阶要求。但所表述的检查原因应当相对单一，不宜罗列多项原因，以免造成行政相对人准备工作的混乱无序。

2. 在标准文书式样中，虽然提及文书的依据为《税收征管法》第五十四条规定，但在实践中，为了增强文书说理的充分性，必要时可以将整个规定全文援引。

3. 《税务检查通知书》中一个重要的细节就在于明确检查人员的身份，这一点要求是根据《税收征管法》第五十九条所确定的。按照规定，检查人员表明身份的要求有两个：即出示税务检查证和《税务检查通知书》。《税务检查通知书》为纸质载体，可以起到证明的作用。而检查证的"出示"既然作为一个严格的程序要件，必然要求在案卷中有所反映。因此可以将检查人员的检查证号记录在《税务检查通知书》上，它可以将税务执法人员的"出示"义务很好地固定下来。另外，虽然在文书"告知"部分将税务检查证和《税务检查通知书》的出示义务予以说明，但从规范性的角度来看，可以将明确这项义务的法律依据原文援引下来，即在告知部分增加《税收征管法》第五十九条的原文内容。

4. 检查的时间应当明确。起讫时间具体到日。

5. 应当以尽量准确的语言，指示行政相对人必须做出的资料准备项目，尽量避免笼统含糊。当然，也要对检查工作中许多不可预见的情况留下余地。

四、调取账簿资料通知书

《调取账簿资料通知书》是税务机关依法制作用于通知纳税人或者扣缴税款义务人调取其有关经营账簿和资料的一种税务执法文书。本执法文书是根据《税收征管法》第五十四条第（一）项授权，《税收征管法实施细则》第八十六条设置的，其标准式样规定在《全国统一税收执法文书式样》（国税发〔2005〕179 号印发）中。

（一）文书式样

_____税务局（稽查局）
调取账簿资料通知书

_____税调〔　〕　号

_____：

　　根据《中华人民共和国税收征收管理法实施细则》第八十六条规定，经_____税务局（分局）局长批准，决定调取你（单位）____年____月____日至____年____月____日的账簿、记账凭证、报表和其他有关资料到税务机关进行检查，请于____年____月____日前送到_____税务局（稽查局）。

联系人员：

联系电话：

税务机关地址：

税务机关（印章）
年　月　日

（二）适用范围

　　按照文书式样后所附的"使用说明"规定，《调取账簿资料通知书》是在检查人员在调取纳税人、扣缴义务人的账簿凭证等资料时使用。

（三）内容构成

　　《调取账簿资料通知书》一般由四个部分构成：

　　1. 首部。主要包括文书标题、文书编号两部分，制作规范与公文要求一致。

　　2. 正文。主要包括抬头和发文事由两个部分。其格式已在式样中按统一标准制作，实践中直接填写使用即可。

　　3. 尾部。主要包括发文机关（加盖公章）和发文时间（年、月、日）。

　　4. 附加部分。主要写明联系人员的姓名和联系电话以及税务机关所在地址。

（四）注意事项

除了文书式样后所附的"使用说明"中提及的事项外，《调取账簿资料通知书》的使用还应当注意：

1. 关于"调取账簿资料原因"的表述。尽管文书标准式样中并无此类表述，但在现实工作中，税务机关对所进行检查的纳税人或扣缴义务人调取账簿资料，不仅增加了对方的工作量，而且可能会对当事人当年的生产经营带来不便，甚至会对其实质性利益带来影响。因此同样基于正当程序原则和行政行为说明理由制度，有必要在调取账簿资料前向对方说明原因和理由。

2. 应当注意法律依据的援引，文书中法律依据的援引还可增加关于税务检查权的相关依据。原因如下：第一，根据惯常逻辑来推断，调取账簿资料的前提应当是拥有税务检查权，然后为了检查权的执行，再增加账簿资料调取权。因此仅仅援引账簿资料调取权的法律依据是不够的。第二，《税收征管法实施细则》第八十六条的规定中也包含着授权的表述："税务机关行使税收征管法第五十四条第（一）项职权时……"这直接说明了此项权力的来源，所以按照法律位阶的规则，应当先援引《税收征管法》第五十四条第（一）项的内容，然后再援引《税收征管法实施细则》第八十六条的规定。

另外《税收征管法实施细则》第八十六条中规定的"调回检查"的条件是："有特殊情况""经设区的市、自治州以上税务局局长批准"且"30日内退还"。其中关于"特殊情况"的适用，国家税务总局在《关于贯彻〈中华人民共和国税收征收管理法〉及其实施细则若干具体问题的通知》（国税发〔2003〕47号）中予以了明确："这里所称的'特殊情况'是指纳税人有下列情形之一：（一）涉及增值税专用发票检查的；（二）纳税人涉嫌税收违法行为情节严重的；（三）纳税人及其他当事人可能毁灭、藏匿、转移账簿等证据资料的；（四）税务机关认为其他需要调回检查的情况。"因此，如果实践中涉及将账簿资料调回检查的情况，在援引法律依据时应当将国税发〔2003〕47号文件的相关规定也予以添加。

3. 需注意区分当年账簿资料和往年账簿资料。《税收征管法实施细则》第八十六条规定，税务机关"必要时，经县以上税务局（分局）局长批准，可以将纳税人、扣缴义务人以前会计年度的账簿、记账凭证、报表和其他有关资料调回税务机关检查，但是税务机关必须向纳税人、扣缴义务人开付清单，并在

3 个月内完整退还；有特殊情况的，经设区的市、自治州以上税务局局长批准，税务机关可以将纳税人、扣缴义务人当年的账簿、记账凭证、报表和其他有关资料调回检查，但是税务机关必须在 30 日内退还。"

根据上述规定可知，调取当年账簿与往年账簿时许多程序和条件要求是不一样的。首先，前提条件不同。往年账簿，必要时就可以调取。而调取当年账簿，必须是有特殊情况的才可以调取。其次，程序要求不同。调取往年账簿只是经县以上税务局分局局长批准即可，而调取当年账簿必须经设区的市、自治州以上的税务局局长批准才可以。再次退还账簿的时间要求不同。调取往年账簿后，应当在 3 个月内完整退还。而调取当年账簿，必须在 30 日内退还。由此可以看出，在使用《调取账簿资料通知书》要区分调取当年账簿与往年账簿的情形，否则可能会出现批准程序错误或退还时间错误等程序违法问题。

五、税务行政处罚事项告知书

《税务行政处罚事项告知书》是税务机关在对当事人作出税务行政处罚决定之前，依法告知当事人应当知道的有关税务行政处罚事项内容的一种税务执法文书。本文书的制作依据是《税收征管法》第八条，《税收征管法实施细则》，《中华人民共和国行政处罚法》第四十四条、第六十三条、第六十四条，《税务稽查案件办理程序规定》第三十九条。文书的标准式样规定在《国家税务总局关于修订部分税务执法文书的公告》（国家税务总局公告 2021 年第 23 号）附件中。

（一）文书式样

_____税务局（稽查局）

税务行政处罚事项告知书

_____税罚告〔 〕 号

_____：（纳税人识别号：   ）

对你（单位）（地址：_____）的税收违法行为拟于____年____月____日之前作出行政处罚决定，根据《中华人民共和国税收征收管理法》第八条、《中华人民共和国行政处罚法》第四十四条、第六十三条、第六十四条规定，现将有关事项告知如下：

一、税务行政处罚的事实、理由、依据及拟作出的处罚

决定：_____

_____

二、你（单位）有陈述、申辩的权利。请在我局（所）作出税务行政处罚决定之前，到我局（所）进行陈述、申辩或自行提供陈述、申辩材料；逾期不进行陈述、申辩的，视同放弃权利。

三、若拟对你罚款 2000 元（含 2000 元）以上，拟对你单位罚款 10000 元（含 10000 元）以上，或符合《中华人民共和国行政处罚法》第六十三条规定的其他情形的，你（单位）有要求听证的权利。可自收到本告知书之日起五个工作日内向我局书面提出听证申请；逾期不提出，视为放弃听证权利。

税务机关（印章）

年　　月　　日

（二）适用范围

按照文书式样后所附的"使用说明"规定，《税务行政处罚事项告知书》的适用范围为"税务机关对税收违法行为调查取证后，依法应给予行政处罚前使用，依法当场给予行政处罚决定的除外。"根据《行政处罚法》规定，依法当场给予行政处罚决定的简易程序适用在对公民处以 200 元（含 200 元）以下、对法人或者其他组织处以 3000 元（含 3000 元）以下罚款。由此反向推之，对公民拟处以 200 元以上、对法人或者其他组织拟处以 3000 元以上罚款适用一般处罚程序的，均应当出具《税务行政处罚事项告知书》。

（三）内容构成

1. 首部。主要由文书标题、文书编号两部分构成。

2. 正文。由抬头、事由、依据、通知内容组成。整个正文部分的内容应当按照国家税务总局新修订的《税务稽查案件办理程序规定》（国家税务总局令第 52 号）第三十九条的规定，包括以下内容：①被查对象或者其他涉税当事

人姓名或者名称、有效身份证件号码或者统一社会信用代码、地址。没有统一社会信用代码的，以税务机关赋予的纳税人识别号代替。②认定的税收违法事实和性质。③适用的法律、行政法规、规章及其他规范性文件。④拟作出的税务行政处罚。⑤当事人依法享有的权利。⑥告知书的文号、制作日期、税务机关名称及印章。⑦其他相关事项。

3. 尾部。主要包括发文机关（加盖公章）和发文时间（年、月、日）。

（四）注意事项

除了文书式样后所附的"使用说明"中提及的事项外，《税务行政处罚事项告知书》的使用还应当注意：

1. 《税务行政处罚事项告知书》是税务行政处罚过程中必须使用而且十分重要的执法文书。除了《行政处罚法》第四十四条、第四十五条明确规定税务行政处罚事项的告知义务外，《行政处罚法》第六十二条还规定要求："行政机关及其执法人员在作出行政处罚决定之前，未依照本法第四十四条、第四十五条的规定向当事人告知拟作出的行政处罚内容及事实、理由、依据，或者拒绝听取当事人的陈述、申辩，不得作出行政处罚决定；当事人明确放弃陈述或者申辩权利的除外。"根据以上法律规定，就行政处罚的一般程序而言，在税务行政处罚过程中，只要没有对当事人送达《税务行政处罚事项告知书》，税务行政处罚决定就不成立。因此，税务机关在实施税务行政处罚时，应高度重视这一执法文书。

2. 使用《税务行政处罚事项告知书》时，应当注重违法事实内容的撰写。对于当事人的违法事实应当按照不同税种的分类标准或者按照违法性质的分类标准，有条理有逻辑地叙述清楚；对于每一种违法行为不仅应当列举出证明该违法行为的证据，做到有理有据，而且也应当列举出所援引的相应法律依据。

3. 关于文书中法条的援引。本书认为应当在同一《税务行政处罚事项告知书》的正文中区分三种不同的法条援引。第一类援引的对象是税务行政处罚事项告知义务的规范依据，即文书标准式样中已经印制的《税收征管法》第八条和《行政处罚法》第四十四条。此外，国家税务总局新修订的《税务稽查案件办理程序规定》（国家税务总局令第 52 号）作为部门规章，第三十九条也是税务行政处罚事项告知义务的规范依据；第二类援引的对象是对税收违法事实进行拟处罚的规范依据，此类援引的具体法条根据税收违法事实所侵犯的各税种实体法予以确定；第三类援引的对象是税务行政相对人所具有的陈述、申辩和听证等程序性权利的规范依据，包括《税收征管法》第八条、《行政处罚法》第四十五条、第六十二条、第六十三条和第六十四条、《税务稽查案件办理程序规定》第四十条、第四十一条以及《税务行政处罚听证程序实施办法（试行）》（国税发〔1996〕190号）的相关法条规则。

六、税务处理决定书

《税务处理决定书》是税务机关对纳税人进行税务检查后，根据其存在的税务违法行为做出处理决定的一种税务执法文书。《税务处理决定书》是税务执法活动中最为常见和重要的执法文书之一。如果经税务机关查明当事人因主观原因，存在不缴或者少缴税款的违法事实，税务机关就必须向当事人追缴税款并加收滞纳金，此时税务机关所用的执法文书就是《税务处理决定书》。此文书是依据《税收征管法》《税收征管法实施细则》和《行政复议法》第九条、《税务稽查案件办理程序规定》第四十三条设置和制作的。其标准式样规定在《国家税务总局关于修订部分税务执法文书的公告》（国家税务总局公告2021年第23号）附件中。

（一）文书式样

＿＿＿＿＿＿税务局（稽查局）

税务处理决定书

＿＿＿＿税处〔　〕　号

＿＿＿＿＿＿＿＿＿：（纳税人识别号：　　　　　）

我局（所）于＿＿年＿＿月＿＿日至＿＿年＿＿月＿＿日对你（单位）（地址：＿＿＿＿＿＿）＿＿＿年＿＿月＿＿日至＿＿＿年＿＿月＿＿日＿＿＿＿＿＿＿＿＿＿＿＿＿＿＿＿＿＿情况进行了检查，违法事实及处理决定如下：

一、违法事实

（一）

1.

2.

（二）

……

二、处理决定及依据

（一）

1.

2.

（二）

……

限你（单位）自收到本决定书之日起____日内到____将上述税款及滞纳金缴纳入库，并按照规定进行相关账务调整。逾期未缴清的，将依照《中华人民共和国税收征收管理法》第四十条规定强制执行。

你（单位）若同我局（所）在纳税上有争议，必须先依照本决定的期限缴纳税款及滞纳金或者提供相应的担保，然后可自上述款项缴清或者提供相应担保被税务机关确认之日起六十日内依法向_____申请行政复议。

税务机关（印章）

年　　月　　日

（二）适用范围

按照《税务处理决定书》标准式样后所附的"使用说明"规定，《税务处理决定书》是在税务机关对各类税收违法行为依据有关税收法律、行政法规、规章作出处理决定时使用。

（三）内容构成

1. 首部。主要包括文书标题、文书编号两部分。

2. 正文。根据国家税务总局新修订的《税务稽查案件办理程序规定》（国家税务总局令第 52 号）第四十三条规定，税务处理决定书应当包括以下主要内容。①被查对象姓名或者名称、有效身份证件号码或者统一社会信用代码、地址。没有统一社会信用代码的，以税务机关赋予的纳税人识别号代替。②检查范围和内容。③税收违法事实及所属期间。④处理决定及依据。⑤税款金额、缴纳期限及地点。⑥税款滞纳时间、滞纳金计算方法、缴纳期限及地点。⑦被查对象不按期履行处理决定应当承担的责任。⑧申请行政复议或者提起行政诉讼的途径和期限。⑨处理决定书的文号、制作日期、税务机关名称及印章。

按照标准式样所附的"使用说明"要求，决定书的主体部分，必须抓住税收违法行为的主要事实，简明扼要地加以叙述，然后列举处理的依据，写明处理结论。若违法事实复杂，应当分类分项叙述。决定书所援引的处理依据，必须是税收及其他相关法律、行政法规或者规章，并应当注明文件名称、文号和有关条款项。

3. 尾部。主要包括发文机关（加盖公章）和发文时间（年、月、日）。

（四）注意事项

除了文书式样后所附的"使用说明"中提及的事项外，《税务处理决定书》的使用还应当注意：

1. 关于文书中法律依据援引的内容，本文书所援引的处理依据，必须是税收及其他相关法律、行政法规或者规章，并应当注明文件名称、文号和有关条款项。财政部、国家税务总局所发布的规章以下的规范性文件或税收政策文件不能单独作为处理税收违法行为的依据。当此类规范性文件或税收政策与上位法不冲突时，可作为理解税收及其他相关法律、行政法规或者规章的依据写入本执法文书。

2. 撰写《税务处理决定书》中"违法事实"部分内容时，应当注重对违法事实的阐述与违法行为的定性。这意味着此部分内容的撰写包括三个层次：一是叙述当事人存在的客观事实；二是对此客观事实进行税收实体法上的评价，即通过相应税种实体法对违法行为进行定性；三是在税收实体法评价的基础上进行征管法的评价，即根据《税收征管法》第五章规定的法律责任的相应条款要求纳税人补缴税款，并依法加收滞纳金。三个层次的内容缺一不可，而且需要按照此逻辑顺序进行文书撰写。

3. 关于加收滞纳金的法理依据的援引。在税务执法实践中，《税务处理决定书》里关于加收滞纳金的法律依据大都仅仅援引《税收征管法》第三十二条的规定。我们认为，文书此处可以增加《税收征管法实施细则》第七十五条关于加收滞纳金起止时间的规定，以确保滞纳金计算法律依据的完整。

综上所述，我们认为，加收滞纳金的法律依据的援引，必须包含三个法律条款：一是《税收征管法》相关法律责任条款；二是《税收征管法》第三十二条；三是《税收征管法实施细则》第七十五条。

4. 撰写《税务处理决定书》时，还应当注意对当事人救济权的告知和有关税款强制执行法律规定的告知。

七、税务行政处罚决定书

《税务行政处罚决定书》是税务机关根据当事人存在的税务违法行为的实际情况，根据相应的税收法律法规，对被处罚人做出税务行政处罚的一种税务执法文书。《税务行政处罚决定书》也是税务执法活动中最为常见和重要的执法文书之一。如果经税务机关查明税务行政相对人存在税收违法行为，而且必须对当事人进行处罚时，此时税务机关所用的执法文书就是《税务行政处罚决定书》。此文书是依据《税收征管法》及其实施细则和《行政处罚法》设置制作的。其标准式样规定在《国家税务总局关于修订部分税务执法文书的公告》（国家税务总局公告 2021 年第 23 号）附件中。

（一）文书式样

_____税务局（稽查局）

税务行政处罚决定书

_____税罚〔 〕 号

_____：（纳税人识别号：　　　　　）

经我局（所）_____

_____，你

（单位）存在违法事实及处罚决定如下：

一、违法事实及证据

（一）

1.

2.

（二）

……

上述违法事实，主要有以下证据证明：

1.

2.

3.

……

二、处罚决定

（一）

1.

2.

（二）

……

以上应缴款项共计＿＿＿＿＿＿元，限你（单位）自本决定书送达之日起＿＿＿日内到＿＿＿＿＿＿＿＿缴纳入库（账号：＿＿＿＿＿＿），到期不缴纳罚款，我局（所）可依照《中华人民共和国行政处罚法》第七十二条第一款第（一）项规定，每日按罚款数额的百分之三加处罚款。

如对本决定不服，可以自收到本决定书之日起六十日内依法向＿＿＿＿＿＿＿申请行政复议，或者自收到本决定书之日起六个月内依法向人民法院起诉，如对处罚决定逾期不申请复议也不向人民法院起诉、又不履行的，我局（所）有权采取《中华人民共和国税收征收管理法》第四十条规定的强制执行措施，或者申请人民法院强制执行。

税务机关（印章）

年　　月　　日

（二）适用范围

按照《税务行政处罚决定书》标准式样后所附的"使用说明"规定，《税务行政处罚决定书》是税务机关在对纳税人、扣缴义务人及其他当事人作出税务行政处罚决定时使用。

（三）内容构成

1. 首部。主要包括文书标题、文书编号两部分。

2. 正文。根据国家税务总局新修订的《税务稽查案件办理程序规定》（国家税务总局令第 52 号）第四十四条规定，税务行政处罚决定书应当包括以下主要内容："（一）被查对象或者其他涉税当事人姓名或者名称、有效身份证件号码或者统一社会信用代码、地址。没有统一社会信用代码的，以税务机关赋予的纳税人识别号代替；（二）检查范围和内容；（三）税收违法事实、证据及所属期间；（四）行政处罚种类和依据；（五）行政处罚履行方式、期限和地点；（六）当事人不按期履行行政处罚决定应当承担的责任；（七）申请行政复议或者提起行政诉讼的途径和期限；（八）行政处罚决定书的文号、制作日期、税务机关名称及印章。"

3. 尾部。主要包括发文机关（加盖公章）和发文时间（年、月、日）。

（四）注意事项

除了文书式样后所附的"使用说明"中提及的事项外，《税务行政处罚决定书》的使用还应当注意：

1. 在撰写和使用《税务行政处罚决定书》时，要注意与《税务处理决定书》的使用相区别。《税收征管法实施细则》第一百零七条所称的税务文书，其中包括《税务处理决定书》和《税务行政处罚决定书》，两者都是税务机关常用的两种不同的法律文书，但在执法实践中不宜混同使用。

从功能上看，《税务处理决定书》是税务机关对各类税务违法行为依法调查、审理后，依据有关法律、法规、规章，作出补税等有关纳税义务处理决定的执法文书。它适用于税务机关向当事人追缴税款、滞纳金及要求当事人履行义务。《税务行政处罚决定书》是税务机关对各类税务违法行为，依法调查、审理后，认为应受行政处罚的，根据情节轻重及具体情况，依据有关法律、法规、规章作出行政处罚决定的执法文书。它适用于对当事人处以罚款、没收非法所得、没收非法财物等。虽然两者从行为性质上看均属于处理性行为，且在违法事实的认定上存在关联或保持一致，但两者在税务执法实践中发挥不同的功能，仍然需要予以区别。从文书的写作要求上看，《税务处理决定书》与《税务行政处罚决定书》在标题、文首、正文内容等方面也有一定差异，因此也不宜混同使用。

2. 在撰写《税务行政处罚决定书》的违法事实部分时，要注意对违法事实的证据的阐述。《税务稽查案件办理程序规定》（国家税务总局令第 52 号）中对《税务行政处罚决定书》和《税务处理决定书》的内容都做了详细的规定，其中关于违法事实的内容，《税务行政处罚决定书》要求有"税收违法事实、证据及所属期间"。这并不意味着《税务处理决定书》的违法事实阐述不需要证据支持，而是意味着《税务行政处罚决定》内容要求更加严格，对于当事人违法行为和事实的认定必须要有证据支持。另外，由于每一项违法事实的认定都应当附有一项或多项证据的支撑，在文书撰写中要写清楚证据与违法事实之间的关联性，不能简单罗列证据。

3. 在撰写《税务行政处罚决定书》时尤其还应当注意对当事人陈述、申辩意见的回应。听取当事人陈述、申辩意见是行政处罚程序中重要的环节，为了在税务执法中保证当事人的陈述申辩权，税务部门还专门制作了《税务行政处罚事项告知书》，在实际处罚前将拟处罚的相关内容告知当事人，以确保其陈述申辩权。《行政处罚法》第四十四条、第四十五条、第六十二条等条款也给当事人的陈述申辩权提供了法律依据。因此，这些内容更应当体现在《税务行政处罚决定书》中，形成对当事人陈述申辩意见的回应内容，从执法文书层面对其权利进行实质的保障。

第三节　说理式执法文书的写作规范

"说理式执法"是指各级税务机关在作出涉及或者影响纳税人缴费人以及其他利害相关人权益的执法行为时，除法律另有规定外，应当充分运用释法明理的方式向纳税人说明作出该行为的事实依据、法律依据以及进行自由裁量时所考虑的各种因素，做到税务执法事实清楚、证据充分、程序合法、处理适当、说理透彻，提高执法的说服力和公信力，促进纳税人税法遵从，提高执法效能。推行说理式执法文书是说理式执法的重要内容。

一、推行说理式执法文书的必要性

推行说理式执法文书的根本原因在于税务行政执法要说明理由，而执法要说理，其必要性在于以下几点：

（一）执法者负有说理的义务

党和国家对说理式执法的相关规定，对推行说理式执法文书提供了明确的依据。

2021 年 3 月中共中央办公厅、国务院办公厅《关于进一步深化税收征管改革的意见》中提出"不断提升税务执法精确度。创新行政执法方式，有效运用说服教育、约谈警示等非强制性执法方式，让执法既有力度又有温度，做到宽严相济、法理相融。"工作中要认真贯彻落实，进一步提升税务稽查执法水平。

2021 年 7 月颁布的《税务稽查案件办理程序规定》（国家税务总局令第 52 号）中第二十九条、第三十二条第一款、第三十五条、第三十九条、第四十条、第四十一条、第四十三条、第四十四条、第四十五条、第五十二条都对执法说理进行了规定。

我国《行政处罚法》第六十二条也明确规定："行政机关及其执法人员在作出行政处罚决定之前，未依照本法第四十四条、第四十五条的规定向当事人告知拟作出的行政处罚内容及事实、理由、依据，或者拒绝听取当事人的陈述、申辩，不得作出行政处罚决定；当事人明确放弃陈述或者申辩权利的除外。"《行政强制法》第十八条规定："行政机关实施行政强制措施应当遵守下列规定：……（五）当场告知当事人采取行政强制措施的理由、依据以及当事人依法享有的权利、救济途径；（六）听取当事人的陈述和申辩；（七）……"第二十四条规定："查封、扣押决定书应当载明下列事项：……（二）查封、扣押的理由、依据和期限；（三）……"第三十一条规定："……冻结决定书应当载明下列事项：……（二）冻结的理由、依据和期限；（三）……"《税收征管法》第七条规定："税务机关应当广泛宣传税收法律、行政法规，普及纳税知识，无偿地为纳税人提供纳税咨询服务。"第八条规定："纳税人、扣缴义务人有权向税务机关了解国家税收法律、行政法规的规定以及与纳税程序有关的情况。纳税人、扣缴义务人对税务机关所作出的决定，享有陈述权、申辩权。"可以看出，说理不仅仅是执法者的职业道德问题，也是执法者所应当负担的一项法定义务。

（二）税务执法工作的特点

税法十分复杂和专业，而一些行政相对人的专业知识相对匮乏，这必然要求稽查机关在对行政相对人作出不利行政行为时说明理由。

1. 税法综合性专业性较强。税法的复杂性主要表现为税法是一个综合性十分强的学科，涉及税收、会计、法律、计算机等学科的理论知识。而且，税收政策及其规范性文件多而复杂，非专业的行政相对人难以及时全面了解。同时，税收专业术语也十分专业，有的术语常人较难理解，税务机关处理类似的问题，对行政相对人作出不利的行政行为时，就必须在道理上讲清楚，说明作出行政行为的理由。

2. 部分税法规定存在矛盾和冲突。税务机关在选择适用法律时，尤其选择适用对行政相对人不利的法律时，必须说明理由。当前税务机关和纳税人热议的滞纳金问题就是典型例子，按照《行政强制法》与按照《税收征管法》加处滞纳金的期限与数额差异较大，如果行政相对人在税务稽查环节提出这样的问题，稽查机关就必须在相关文书上说明按照《税收征管法》加处滞纳金的理由，化解行政相对人对税务稽查机关适用法律错误或滥用职权的猜疑和误解。

3. 税法案件具有特殊性。适用同一法律规范的每一个案件事实、情节都有其特殊性，几乎不存在同一性，稽查机关应当论证、阐述并同时告知行政相对人为什么某一具体案件能够适用某部法律规范的理由。如果稽查机关认定行政相对人具有"偷税"的违法行为，并依照《税收征管法》的规定进行处理，稽查机关不但应当描述行政相对人的"偷税"违法事实，还应当论证和阐述其行为为什么属于"偷税"、法律对这种行为的处罚规定以及对行政相对人的处理结果。这样，说明理由制度就可以成为税法宣传的有效途径和法制教育的重要手段。

（三）执法说理具有正面意义

1. 有利于提升执法人员的执法水平。在税务执法过程中实施说明理由制度，必然要求执法人员在对行政相对人作出任何不利行政行为时，应当就案件涉及的事实和证据、法律适用和自由裁量等问题进行认真考虑，慎重作出决定。执法人员在准备说明理由时，需要更仔细地考虑证据的真实性、合法性、关联性和充分性，更周密地考虑所依据的法律和政策的合法性、合理性与正当性。长此以往，税务执法人员的执法水平将会在说明理由制度的推行过程中逐渐提高。

2. 有利于约束权力，防止权力滥用。说明理由制度要求执法人员将适用某一法律规范的理由及裁量的各种因素向行政相对人公开，在此情况下，执法人员必须严格依照法律规定执行行政行为，考虑与法律相关的各种因素，排除与法律无关的因素，并尽量使作出的行政行为符合立法精神和平等公正原则。这样，可以较好地约束权力并防止行政权行使过程中独断、专横与恣意现象的发生。

3. 有利于保障行政相对人的合法权益。执法过程中充分说明理由，能够使行政相对人充分了解执法机关所认定的案件事实和证据以及法律的适用，使之能够对稽查机关的行政行为进行正确有效的判定：一是可以有效避免因对执法机关的行政行为判断不正确而盲目行使法律救济权多付出的代价；二是如果执法机关的行政行为存在问题，行政相对人可以在作出正确判定之后较好地行使法律救济权。

4. 有利于消除征纳双方的误解与矛盾，提高行政效率，提高税法遵从度。公权力的强势容易导致心理对抗，减轻甚至消除这种对抗情绪的有效途径之一就是向行政相对人充分说明其违法行为的存在及其危害性以及对其作出处理的必要性，同时提供事实证据、法律依据以及裁量的合理性理由，尽量使行政相对人在内心认同、服从和接受行政行为。即使行政相对人不予认同对其作出的行政行为，也可以从中找出法律救济的理由，有利于提高纳税人的税法遵从度。

二、说理式执法文书的使用范围与环节

（一）文书使用的主要范围

2018 年 6 月最高人民法院发布的《关于加强和规范裁判文书释法说理的指导意见》（法发〔2018〕10 号，以下简称《指导意见》）是对司法裁判规范化和裁判文书说理化具有整体指导性和里程碑式意义的指导文件，对推进说理式执法工作，开展说理式执法文书写作也具有较大的借鉴意义。

《指导意见》第八条规定："下列案件裁判文书，应当强化释法说理：疑难、复杂案件；诉讼各方争议较大的案件；社会关注度较高、影响较大的案件；宣告无罪、判处法定刑以下刑罚、判处死刑的案件；行政诉讼中对被诉行政行为所依据的规范性文件一并进行审查的案件；判决变更行政行为的案件；新类型或者可能成为指导性案例的案件；抗诉案件；二审改判或者发回重审的案件；重审案件；再审案件；其他需要强化说理的案件。"从司法实践来看，案件总体上存在一个"二八定律"现象，即80%属于事实较为清楚、争议不大的案件，20%属于疑难复杂或争议较大的案件。

立足于此定律，划定说理式执法及其文书使用的范围，目的就是用20%的精力处理80%简单或相对简单的执法案件，然后将把80%的精力投入到20%疑难复杂的执法案件之中，做到繁简分流。因此，说理式执法及其文书使用的范围应当重点在以下案件查办过程中开展：一是提请重大税务案件审理的案件，但被查对象为走逃（失联）企业或者失踪（出境）自然人的除外；二是案情疑难、复杂、双方分歧较大、社会关注度高、有一定代表性的案件；三是自由裁量权过大的案件。

（二）文书使用的具体环节

说理式执法常发生在税务稽查工作中，因此税务稽查执法工作中的文书使用，是我们关注的重点。根据《税务稽查案件办理程序规定》，税务稽查工作具体分选案、检查、审理和执行四个环节。

1. 选案环节从性质上看属于税务稽查机关的内部工作环节，不会直接对税务行政相对人作出不利行政行为。所以，选案工作的说理化强度不高。当然也并非绝对，按照《税务稽查案源管理办法（试行）》（税总发〔2016〕71 号印发）第十五条的规定，案源可以分为九种类型，其中"自选案源"是指"根据本级税务局制定的随机抽查和打击偷税（逃避缴纳税款）、逃避追缴欠税、骗税、抗税、虚开发票等稽查任务，对案源信息进行分析选取的案源"。因此，选案环节的说理应用可体现在辅导"双随机"抽查工作上。

2. 检查环节的说理多包含在对纳税人执法检查中，经检查后，需要向纳税人充分说明所认定的违法事实及其证据依据。同时还必须说明进行执法检查的程序合法，包括调取纳税人的账簿资料，实施税收保全措施等都要对行政相对人说明理由。如果纳税人在检查的过程中提出了陈述申辩意见及提交的证据，还应当对其提出的陈述申辩意见及提交的证据采信与否作出充分地说明，并对纳税人的救济权予以告知。

3. 审理环节是落实说明理由制度、运用说理式执法文书最为重要的环节。对税务行政相对人作出税务处理决定、税务行政处罚决定，都是对税务行政相对人权益作出实体性的处理处分，需要对行政相对人说明理由。

4. 执行环节中对税务行政相对人实施税收行政处罚或者税收强制执行行为，都必须对行政相对人说明理由。

综上我们可以看出，要求税务机关工作人员在执法过程中运用说理式执法文书进行全程说理和重点说理，要把说理始终贯穿于执法全过程，要把案件所涉及的法理、事理和情理向税务行政相对人和第三方说清说透。既要运用法律法规，结合调查取证的资料对违法事实进行详尽的法理、法律、逻辑分析，又要对税务行政相对人在陈述申辩或听证时所提出的观点进行认真分析、归纳梳理，对有理的观点不但要予以采纳，而且还要说明采纳的理由；对不予采纳的观点应当进行详尽说明，要说清楚不符合哪些法律规范和法学原理，并作出充分的阐述和论证。

三、说理式执法文书的内容构成

说理式执法文书的内容指的是说明理由中所应包含的基本要素。尽管各国和地区的法律对说明理由内容的规定相对概括笼统，但基本能够从条文中推断出立法者对说理内容的基本考虑及构成要件之规范诉求。各国（地区）对理由的规定大致可以分为"两要素"与"三要素","两要素"要求行政行为的理由包括事实依据与法律依据两个方面。"三要素"对理由内容的要求更加详细，行政决定作出者不仅要说明事实依据与法律依据，还要阐明裁量决定的考虑因素，即要全面论述法律适用的推理过程。所谓法律适用的推理过程，就是要求行政主体对案件事实的归纳、定性和对法律的解释、演绎的逻辑推理，以及作出决定特别是裁量性决定时所作的考虑。这要求行政机关不仅仅是将行政行为视为一个静态结果简单交代其所依据的事实基础和法律基础，而且要将行政行为置于连续的、动态的行政过程中加以考察，就事实认定、法律适用以及决定作出的整个逻辑推理过程进行详细阐述。

《指导意见》第五至七条对裁判文书释法说理的具体类型和重点作了规定。裁判文书释法说理具体包括审查判断证据说理、认定案件事实说理、适用法律说理和运用自由裁量权说理四种类型或者四个方面。由于税务行政执法与司法裁判不同，并无"举证""质证"和法庭"调查核实证据"的相关环节，但并不代表对证据事实不进行认定，因此在税务行政说理式执法的内容构成上将查实证据方面的说理与认定案件事实方面的说理合并，主要包括事实认定说理、法律适用说理与自由裁量说理。

（一）事实认定部分进行说理

所谓事实理由，就是行政行为作出所依据的事实。只有被合法证据所证实的客观事实才能通过与实体法中的事实构成要件进行对比而上升为法律事实，构成法律适用逻辑结构中的"小前提"。事实认定过程包括证据事实认定与法律事实认定两个阶段，前者解决"发生了什么"，后者回答"发生的是什么"，因此行政行为事实理由的说明不仅仅是交代案件事实的调查结论，更是要将事实认定的理由加以说明，使相对人既能"知其然"，又能"知其所以然"。

税务行政执法机关对案件事实的认定主要受到程序法以及证据规则的规范，事实认定的理由说明主要是为了对案件调查结果进行告知。目前，格式化的行政执法文书导致说明理由简略粗糙，缺乏对案件事实的详细论述。行政机关及其执法人员仅仅交代筛选过后的事实，而较少引用证据对事实的认定进行说明，对证据证明力及其可采性的分析更加稀薄。

因此，在对执法文书中事实认定的部分进行说理时，税务机关及其工作人员必须解释确认这些事实见解的来源、经过及理由。这就要求行政执法文书对调查结果的记录应足以定义特定事实，而非仅抽象定性。既要交代案件事实的调查经过及结果，也要对基于证据事实所作的判断进行说明。

（二）法律适用部分进行说理

在说理式执法文书中法律适用的部分进行说理，就是要说明税务执法行为理由与能够支撑税务机关作出行政决定的法律规范。如前所述，公权力行使的正当性基础来源于法律的授权，并且不能超出既定的法律框架。基于行政法法源的多样性，行政行为不仅可以依据宪法、法律、法规、规章等立法性法律作出，还可以行政机关制定的规范性文件为依据。税务机关只有将执法行为所依据的法律规范作为理由告知相对人，才能使相对人及利害关系人"知其所以然"，从而及时展开行政救济，进行有效防御。

当在执法文书中发现同一案件事实涉及不同的法律规范时，税务机关可能会在位阶不同或相互冲突的规范之间进行选择，此时，法律适用是否正确直接关乎实体决定合法与否，税务机关必须说明该选择最终赖以作出的法律基础，并阐明为何适用该法律。

当在执法文书中发现所要适用的法律规范的内涵和外延不确定时，税务机关也需要对法律规范本身进行解释。必须论证、阐述某一内容不确定的法律为何能够适用于某一具体案件的理由。不确定法律概念具体化的说明理由，主要通过法律论证完成。因此，执法活动和执法文书中法律适用的理由说明不是简单交代"适用某法律"，而是要首先阐明法律与事实之间的对应关系以及法律解释的依据，使相对人明确抽象规范适用于具体案件的根据；其次说明不确定法律概念具体化的论证过程，说明在对不确定概念具体化过程中所考虑的法律因素。

（三）自由裁量部分进行说理

自由裁量权存在的必要性及其司法审查的限度曾引起过广泛讨论，如何制约行政权已经成了当今行政法发展的一大主题。行政程序作为控权机制之一，要求行政主体必须说明行政裁量所考虑的因素，为裁量权的行使提供正当性基础。裁量权的行使广泛存在于事实认定与法律适用的过程之中，例如案件事实的筛选、证据的采信、规则的选择与解释等。

在执法文书中裁量决定部分进行理由说明时，除了讲清执法决定的法律与事实基础之外，还须针对是否运用裁量权、如何运用裁量权、为何优先处理某些特定观点等给予详细说明，说明行政机关确定法律效果时所考虑的因素及其价值判断。最后需要注意的是，裁量说理的对象不仅包括法定裁量要件，还包括结合案件具体情况对国家政策、社会风俗、道德习惯、公共利益等因素所作的考虑。对于有争议的事项，必须告知其同意或反对的理由，以及相关的考虑和权衡之处。

四、说理式执法文书的进阶要求

（一）阐明事理

"事理"就是案件的来龙去脉、本来面目和前因后果。阐明事理，就是在执法文书中说明所认定的案件事实及其根据和理由。经执法查明和认定的事实不是纯本源意义上的客观事实，而是经由执法活动加工和"重塑"而成的法律事实。考虑到法律事实只能无限地趋近于客观事实，阐明事理必须展示案件事实认定的客观性、公正性和准确性。应以调查取得的证据为基础，紧扣违法行为的构成要件进行表述，完整叙述行政相对人的基本情况、案件来源、违法事实、相关证据、执法程序等内容，保证案件事实的针对性和准确性。

（二）释明法理

"法理"就是法律根据，即执法所依凭的法律、行政法规、司法解释、地方性法规等。释明法理就是在文书中要说明执法所依据的法律规范以及适用法律规范的理由。就法律适用简单的案件而言，仅需列明所适用的法律就可。而针对实践中的以下几种情况而言，既需说明所依据的法律规范，还需要说明适用法律规范的理由：一是法律条文里规定了多种情形，如果案件只符合其中的一种情形，执法文书就必须说明本案符合该种情形，不能简单地引用条文了事。二是法律规定了很多种处罚方法，执法者如果只选择其中的一种处罚方法，则文书必须说明为什么只选择其中的一种处罚方法。三是法律条文本身模糊和抽象，甚至包容多种含义，而执法结果选择的是其中的一种理解或含义，在这种情况下，执法文书就必须说清为何这样而不那样解释法律的道理，以告诉当事人采纳该种理解的理由。四是法律条文存在冲突或者竞合的情形，文书就要说明裁判所选择的法律规范及其选择理由。五是法律存在漏洞的情形，文书就要说明采用填补漏洞等法律方法所"发现"和最终适用的法律规范，并通过法律论证来确保结果的正当性和可接受性。

（三）讲明情理

法理与情理相融合的司法思维是根植在中国法律土壤的，是中华法律文化的精华与精髓所在。讲情理的执法文书，更能打动人、说服人。文书讲明情理，要体现法理情相协调，符合社会主流价值观。执法文书对情理的运用，应注意几点：一是情理应当符合法律规定与法理精神。情理不能与法理相悖，情理中一般都包含公平正义、公道人心等基本法的价值，讲情理事实上也是讲法理。二是要观察情理能否被法律所包容。凡是已被法律包容或者能为法律所包容的人情，执法文书就应当把法律所包容或者与法律相协调的人情阐发出来，以展示法律的可亲可近之情；凡是不为法律所包容的人情，就不能以情废法。三是要区分集体人情、大众人情和极少数人的人情。集体人情、大众人情就是社情和民情，执法文书释法说理时应当予以格外的尊重，不得伤害正当的民情；当民情的舆论取向与判决的结论不一致时，更要注重说理方式，有效引导和化解不当或者错误的民情。讲清处罚裁量的情理。在对当事人实施违法行为的主观意图、手段、后果客观评价的基础上，对从轻或减轻、从重或加重处罚的情节、理由、法律依据进行充分说明，使自由裁量权的行使合法合理适当。

（四）讲究文理

"文理"主要指说理的语言、形式和技巧，这些往往反映了文书的说理能力以及背后所体现的执法人员的文字能力、思维能力和逻辑能力等。执法文书讲究文理，既要做到语言规范、表达准确、逻辑清晰，也要合理运用说理技巧，增强说理效果。具体来说主要包括以下几个方面要求：第一，表述准确。表述应准确地表达事理、法理和情理，不能出现错误。字词精准，不得产生歧义，不能含糊不清模棱两可，概念使用也要准确。第二，文字通俗。执法文书说理是应当通俗易懂，把道理用平实的语言表达出来，使对方能够充分理解。第三，逻辑自洽。文书应当以案件事实和法律适用为基础，严格按照逻辑学三段论的推理规则进行说理，充分论证和阐明法律规范与案件事实之间的内在联系，使事实、理由和判决结果相互联系，思路清晰，层次分明，做到理由与事实一致，理由与判决结果一致。另外，文书释法说理不可以违背日常经验法则、常识判断等，在依据法律、司法解释规定外，执法者可以运用公理、情理、经验法则、交易习惯、职业伦理等论据论证裁判理由，以提高裁判结论的正当性和可接受性。第四，详略得当。突出重点的同时，详略得当。第五，文风朴实。保持朴实的文风，不说套话、空话、大话，不打官腔，平和客观。

本章小结：本章主要介绍了税务专业文书的相关基础知识，其制作与使用大都服务于税务部门为开展工作的特殊需要。税务专业文书包括很多类型，但其中税务执法文书最为典型，也是税收征管和税收执法等具体工作实践中经常使用的内容。特别是税收一线工作中，《税务事项通知书》《税务检查通知书》《调取账簿资料通知书》《税务行政处罚事项告知书》《税务处理决定书》《税务行政处罚决定书》等常用执法文书的规范化撰写与使用十分常见。为提高依法行政和依法治税能力，对说理式执法文书的使用范围、内容构成等写作要求进行了阐释与说明，以期能为新入职人员尽快适应一线岗位工作，为广大税务干部不断提升税收治理能力和治理水平提供有益的帮助。

第五章　税务应用文写作技能提升之路

本章导读：古人讲，汝果欲学诗，工夫在诗外。想要练就一身"信手拈来、倚马可待"的硬功夫，成长为"行云流水、妙笔生花"的笔杆子，必然要经历一个笔耕不辍、艰苦求索、不断精进的过程。本章按照税务应用文写作的一般规律，针对税务应用文写作的重要环节，介绍税务应用文写作中积累形成的一些经验，既有理念上的认识，也有方法上的介绍，希望能够对税务应用文写作技能的提升有所裨益。

第一节　立意布局

文有三才，谓魂骨肉。立意是文章的灵魂。税务机关首先是政治机关，这就决定了税务应用文在立意上必须具有鲜明的政治性和政策性。如果说主题立意是"灵魂"，那么结构布局就是"骨骼"，文章内容则为"血肉"，魂、骨、肉的有机结合，共同构成形体兼备、言之有序的整体。税务应用文写作，首要的就是确定主题，合理构建框架，然后动手拟就一篇中心突出、层次清楚、详略分明、首尾连贯的文稿。

主题立意的确定，有时是组织和领导确定的，但有时是需要自己确定的。这就需要一个从理解到确立的过程。

一、勤观察

"问渠那得清如许？为有源头活水来。"对于税务应用文写作而言，税收工作是源头，我们对日常税收工作的观察、体会、认识和感受就是在这个源头中汲取营养。观察是写好税务应用文最重要的基本功。观察要选好观察点，远看为观，近看为察。远看是为了从整体去看，近看则是为仔细地看清局部的细节。一般来说，我们只有对工作中某项事物产生了好奇或是注意的时候，才会去观察。那么，应该如何观察事物呢？

（一）要有明确目的

观察目的有两种，一种是直接目的。比如，2021年6月1日，财产和行为税合并申报在全国范围内正式启动，我们所在的税务机关能否顺利上线、平台运行是否稳定、纳税人对服务体验感觉到哪些便利，这是必须重点观察的内容和及时报告的事项，需要我们有目的地深入办税服务厅，去观察纳税人从事项办理到申报完成的整个办税流程，纳税人申报办理是否顺畅，时间是否缩短，办理体验是否良好，等等。另一种是间接目的，即不为特定的任务和要求进行写作，而是对突发的、偶然的、随机的事物，随时观察并做好记录，是为了积累写作素材。比如，税收营商环境建设是长期的惠民工程，我们就要在平时多注意观察，通过对税务机关实施的"便民办税春风行动"、对窗口办税方式的转变、对所在税务机关创新服务的手段和措施以及取得的实际效果随时观察、注重积累，才能写出高质量的专报、宣传稿件等。观察可以培养我们对事物变化的敏感力。如果平时我们能够留心观察周围环境中的人或物，把观察到的和内心的感受一起记录下来，写作的时候就有丰富、生动的材料了。

（二）要有周详计划

比如，要想说明税务部门精神文明创建工作年年有突破、项项有实绩、人人有干劲儿，这就需要我们有计划地去观察，按照时间脉络、抓住重点事项、选树最优榜样、突出最新成果，对照年初的计划或规划，有步骤、有重点、有目标地观察记录，这样才能把税务部门精神文明创建工作写好、写活。

（三）要有合适角度

观察点就是观察事物的立足点，选择一定的观察点，才可以按照一定的空间环视、仰视、俯视、透视，逐一对周围环境进行观察。比如，当前各级税务部门服务经济社会大局，推动税费收入与经济发展良性互动、协调发展，我们不仅要从税务部门落实减税降费的进度、实效去观察，还要从优化营商环境、激发市场主体活力、纳税人缴费人的"红利账"、助力经济社会高质量发展等多个角度去分析，这样才能多点开花，起到"远近高低各不同"的效果。

（四）要有逻辑顺序

有顺序就是有条理。结构简单的文章像串项链，只用一条主线观察就够了；结构复杂的文章则像串门帘，除了有一条主线，还有若干条支线，形成纵横交错式的结构。比如，按思想线写文章，基本的认识路线是"为什么—是什么—怎么办"。这三方面可以分别作为文章的一个"版块"，每一块都可以根据需要，拉出若干条，这就叫"块中有条"。又如，按工作线写文章，基本的观察思路是"确立指导思想—明确目标任务—制定思路措施—提出工作要求"，可以采用"条块结合"的写法。再如，按观察问题写文章，可以把提出问题、分析问题、解决问题各作一块；也可以拉出若干个问题，逐一分析并提出对策。前一种写法，是"块状"结构；后一种写法，则是"条式"结构。这样观察后，再写下来，就能让事物有条理，阅读者读得清楚、读得明白。

二、讲导向

以文辅政。如果把税务中心工作比作主旋律，那么税务应用文就是诠释、表达主旋律的舞蹈，只有踏准节奏、恰如其分，把握好税务应用文写作的"准"，才能达到好的效果。做到文稿写作之"准"，至少要立起三种导向，即：目标导向、问题导向和结果导向。

（一）注重目标导向

税务应用文写作过程中，无论是立题立意、谋篇布局，还是素材运用、遣词造句，都要聚焦、服从、服务于应用文意图、目的和功能的实现。换言之，税务应用文存在的意义在于其承载的特定目标的实现。

在起草税务应用文时，首要的是准确把握所在单位的定位，熟悉所在单位与受文单位的关系。给上级单位、主管单位报送文稿，要考虑其主管什么，当前主要关注哪方面工作，对本单位提出了什么要求，在文稿中给予怎样的回应；不能只想着自己的工作安排，措施细节写了好几页，却是"只见树木，不见森林"。给下级单位发文，要针对其工作的重点和难点，亮明观点、说明要求、明确职责；切忌只讲问题不讲方法、只讲分析不讲安排，让基层无所适从。给平级单位的应用文，要充分尊重、注意维护彼此的协作关系，强调彼此有一致性、协同性的方面；有分歧的地方，与应用文事项无关则不提，有关的要真诚恳切、有礼有节地提，争取对方配合支持。面向广大群众的公布性税务应用文则强调通俗明白。

（二）坚持问题导向

解决问题是制发税务应用文的落脚点。在下笔之前，要想为什么写，是为了解决什么问题。想清楚了，就等于抓住了事物的主要矛盾，坚持问题导向就等于抓住了化解这个矛盾的着力点。要多带着问题思考，在实践中发现问题。在平时的工作中，无论是遇到的问题还是领导布置的工作，都要多问自己几个为什么：为什么开展这项工作？为什么要解决这个事情？这个工作和事情处理后会达到什么效果？有什么解决的方案和方法？形成这样一个思维习惯，久久为功，就提高了思辨能力。要善于深层次思考问题，发扬解剖麻雀的精神，培养透过现象看本质的能力。

（三）突出结果导向

首先要看中央要求，及时学习党中央、国务院关于税收工作的最新部署，找出其同本单位和本领域工作关联的落实目标。其次要牢记发文主旨，看各项措施是否与目标相匹配。最后要注重效果，分析措施的可行性，充分预测结果效果。只有这样，才能为写出高质量的文稿打下基础。

三、炼主题

人无思想不存，文无主题不立。主题决定立意，也决定结构和内容，只有主题确定了，才便于对一篇应用文整体构思，才能围绕着主题去安排结构，选择材料，选用表现手法，确定标题、基调、开头方式等，才能顺利地进行写作。因此，在税务应用文写作过程中，主题提炼的效果直接决定了文稿的成败。主题的提炼是一个去粗取精、由浅入深的过程，要努力做到有高度、重新意、求鲜明。

（一）要有"高度"

"居高声自远，非是藉秋风。"提炼文章主题的过程，是领会上级指示和领导意图，熟悉单位情况和重点工作，深入分析发掘，最后才作出判断和概括的过程。作为税务应用文写作者必须善于登高望远，拨云见日。提高站位，要求准确、科学、全面地把握上级的意图。在大背景下思考问题，弄清上级的主要精神是什么；联系实际，明确在工作中要注意和解决什么问题；搞好结合，准确把上级的指示精神落实到工作中；等等。

（二）要重"新意"

"新意"，这里指的是看待问题的角度视野、提出观点见解要有新意，既可以是理论观点、问题焦点，也可以是新的视角、新的理解、新的发现，关键在于"见人之所未见，发人之所未发"。主题新不是脱离实际地哗众取宠，而是要通过对材料的提炼，发现他人未发现的东西，抓住普遍存在而未能很好解决的问题，或是人们都想办而不知怎么办的事情去总结和提供经验。角度要新，选准最能体现应用文价值和特征的角度，写出新意，写出特色，写出"亮点"。

例如，《××市税务局"智志双扶"解锁贫困户"幸福密码"》的经验做法类文章，标题采用比喻手法，将"智志双扶"比作脱贫的"幸福密码"，很形象，另外，"解锁"一词也用得巧妙，与"密码"形成呼应之势。

（三）要求"鲜明"

文章好不好首先看主题是否鲜明。好的文稿不仅要提供一些信息，更要引导人们去认识深层次的问题，看到事物的内在联系和发展规律。一个好的主题的提炼只有做到客观鲜明、实事求是，才能发挥应用文指导工作、解决问题的作用。因此，在提炼主题时，不能简单堆积素材、罗列现象，应该做到理论与实践、观点与材料的统一，实现从感性认识向理性认识的飞跃。标题要能准确反映主题，高度概括全文主旨和内容。

四、构框架

文稿框架如同人体的骨架，是支撑文章内容的结构体系。深思熟虑定好主题后，接着要搭建文章的"四梁八柱"，把骨架立起来。就和建房子一样，把每栋房屋当成文章的大点"一、二、三、四"，把房屋的每一层当成文章的次点"（一）、（二）、（三）、（四）"，把每个房间当成文章的小点"1、2、3、4"，以此类推。每栋房屋、每层房屋、每个房间是什么用途，都要基本确定下来，同时每一个点的语言结构力求一致，实现结构紧凑、思维缜密的效果。

（一）系统构思

系统构思，主要是把文稿的逻辑层次理清楚、结构布局排列好、篇幅详略安排妥。系统构思就好比"搭架子"，要先把想写的东西计划一下，先写什么，后写什么，安排个合适的次序。"架子"搭得好，文章就能写得有条不紊、脉络分明；如果不会"搭架子"，层次安排不当，写出的文章就容易前后重复、丢三落四、上下脱节，影响内容的表现。具体怎么构建呢？以一篇经验材料为例，开头部分，一般开门见山地简要介绍主题主旨，然后高度概括整体效果，由此再自然而然地引出做法。正文部分常用的有两种结构：一种是横式结构，按问题的性质，从几个侧面和角度来说明，相互之间为并列关系。即在处理并列关系上，必须注意"并列只能是同等重要、同一层次上几个问题的并列"，不能把大小不一的问题相提并论。另一种是纵式结构，按照事物发展过程来叙述，几个观点或做法，既互相联系，又逐步深入，相互之间为递进关系。在处理递进关系上，必须注意"递进只能按事物的客观规律和发展顺序递进"，不能违背规律而任意颠倒。无论采用何种结构形式，具体到每个问题或每个做法，一般都由"为什么、是什么、怎么样"这三个要素构成。"为什么"，即提出问题，讲清目的；"是什么"，即回答问题，交代做法；"怎么样"，即运用结果，证实效果。

（二）谋篇布局

拟定好提纲是写好文章的必经程序，也是承上启下的一环，既是梳理材料、提炼主题的结晶，又是确定间架结构的思想蓝图。写好提纲，形成逻辑性较强的文脉，下笔时才能由点及面顺畅铺开，写文稿才会酣畅淋漓，而非磕磕绊绊。提纲可简单分为三类：一为"粗纲"，只简略标出层次段落和各部分之间的大致关系。二为"细纲"，除粗纲所标内容外，还要标出开头结尾、过渡照顾、层次段落的安排与处理。三为"粗细纲"，算是前两者的结合，将某些部分详细列明，有些部分只用简略语句加以概括。

提纲写作可采纳"纲目设计法"分步进行：第一步确定主题主旨，即要反映的首要问题。这一步实际算是写主标题，是写好提纲的关键。第二步全面排列素材，从素材中精心归纳提炼各层次的标题。精心提炼标题，既可大题小做，也可小题大做。不管采取哪种方式，都要注意标题必须涵盖所要表达的内容。提炼可采取"对称"和"排比"等手法，尽量使用短语。第三步细分写作层次。应用文提纲越细，往往写作质量就越高。写作税务应用文提纲时，从主标题开始，一直到一级标题、二级标题，乃至三级标题，其内涵应该是逐步缩小的，层级是渐次降低的。这就像一棵树，主干最粗壮，主枝稍细一些，到分枝就更细了，这样的提纲才能给人步步深入之感，写作也就能有条不紊地展开了。

（三）把握关键

文章如建筑，也如机械，有四梁八柱，有其关键。怎样把握文章的关键呢？

开好头，收好尾。古人常用"凤头、豹尾"来形容好文章的开头与结尾。凤头小巧而美丽，以此为喻说明文章的开头要短小，要开得巧，出手漂亮，扣紧题意。"凤头"没有统一模式，但一定要切题，开门见山，力求新颖。起笔不凡，先声夺人，引人入胜。常见开头有点题式、按语式、引叙式、目的式、概述式、说明式、提问式等7种方式。一豹只有一尾，文稿的结尾毋庸很多文字，往往只要一段就够，但力度要大。结尾要干净利落，不能拖泥带水。应用文结尾有要求式、强调式、号召式、总结式、呼应式等五种方式。

　　把握好照应和过渡。所谓照应是指应用文内容的前后要有关照和呼应，常用方法有首尾照应、前后照应、题文照应等三种形式。所谓过渡是指上下文之间的衔接和转换，起到承上启下的作用，通常适用于两种情况，一个是内容转换时需要过渡，另一个是由总括到分述之间需要过渡。过渡的形式有过渡词、过渡句和过渡段三种。

　　确定好层次和段落。一篇税务应用文的结构，最起码的要求是层次清楚，段落分明。所谓层次是指应用文的几个组成部分，层次安排要做到突出主旨，顺序合理，避免交叉，体例匀称。常见的方式有总分式、递进式、时序式等。所谓段落，就是应用文结构的基本单位，也叫自然段，可以按中心意思（主旨）、条项内容、时间发展阶段等来划分段落。

第二节　精雕细琢

　　"吟安一个字，捻断数茎须。"要提升税务应用文写作技能，必须会表达、晓拿捏，不断地精雕细琢，使"瑕可为瑜，瓦砾可为珠玉"。

一、准表达

　　应用文最常用的表达方式有叙述、议论和说明等三种。以叙说情况、讲述变化为主的应用文多用叙述方式；以阐明道理、表明观点为主的应用文多用议论方式；以介绍事物、解释事理为主的应用文多用说明方式。文章语言表达一旦出现错、漏、歧解，轻则影响办文机关的名誉和形象，重则给工作带来不可弥补的损失。因此，税务应用文在起草过程中，一定要反复推敲，修改完善，力求语言表达庄重、准确、朴实、严谨。

（一）表达要庄重

　　庄重是指应用文语言端庄，格调严肃。税务应用文庄重的语言有助于表明税务机关的严肃立场和态度，从而对受文者的行为产生必要的强制性影响，以维护税务应用文的权威性和有效性。一是注意语言的权威。"命令""公告""通报"等名称就具有庄重色彩，常使用一些命令性、强制性的词语，如"应该""必须""严禁"等；"通知""决定""通告"等指导性较强的公文中，对一些政策措施的工作要求,语气往往比较坚决,要求刚性执行。二是注意语言的端庄。要庄重严谨,态度鲜明,不含糊其词。上行文的语言,应不刻意讨好而又不失应有的尊重;下行文的语言,应谦和但又不失度;与平行机关往来函件等应用文的语言,则应以诚以礼相待,措辞有度,多商量,勿发号施令,不打官腔,相互尊重。比如,在应用文中保留了某些带有文言语素或文言痕迹的词语,"兹""拟""鉴于""届时""予以""悉"等。三是注意语言的得体。对错误批评要态度鲜明、义正辞严;对先进表彰应热情稳重;对上级报告工作应郑重得体,不必大讲道理;对下级布置工作任务应切实可行,富有可操作性。

(二) 表达要准确

准确是指应用文在表情达意时,语言要真实,语意要确切,内容要完备,褒贬得当,没有歧义。所涉及的人名、地名、数据、事实、情况等方面的语言文字表达均应准确无误,避免出现一些常识性的错误。遣词造句必须准确,避免产生歧义和引起别人误解。具体讲就是:字要准,不写错别字;词要准,认真辨析词义;语法要准,句子成分要完整,词语搭配要恰当;标点要准,正确使用标点符号;等等。比如,"严格执行中央八项规定及其实施细则精神"是标准表述,"及其"不能简写为"及";监察与监查、督察与督查等词要注意不要错用误用。语气要恰当。语言运用要合乎权限要求,与发文机关、受文单位的地位相称,包括用词以至语气,不能用下行文的用语和口气来写上行文和平行文。有关政策界定、提法必须与上级一致。

(三) 表达要朴实

朴实是指应用文的语言平实自然,是非清楚,通俗易懂,恰如其分,不堆砌华丽辞藻,不滥用修辞格。应用文用语应淳朴无华,要直接鲜明地表达意思,让受文者迅速、准确地理解和执行所表达的内容。一是在表达方式上一般应少使用夸张、比喻等修辞格。叙事要直陈其事,明确晓畅;说明要简洁明了,清楚明晰;议论要鞭辟入里,切中要害。二是在语言色彩上强调平淡、质朴,一般不用华丽的辞藻,避免过多使用形容词和抒情描写过分渲染。三是在词语选择上要注意使用通俗易懂的词语,一般不使用生僻、俚俗的字词和新奇古怪的网络语言。比如习近平总书记强调党的建设时,引用的"打铁还需自身硬",通俗易懂,平实朴素。四是在语言表达上并不排斥一定程度的生动性。适当运用一些修辞手法,如对偶、排比,可以增强公文语言色彩及感染力。

（四）表达要严谨

应用文的语言要简明扼要，不冗长空泛，当详则详，当略则略。注重炼字炼句，努力做到字字得当，句句精到，同时要避免由于片面追求简练而使文义不能完整准确表达的问题。要符合逻辑，做到字斟句酌、思维清晰、概念准确、推理严密，税务应用文中的语言构成及组合，应符合现代汉语的语法及一般逻辑规则，避免出现语法错误。要符合规范，符合税务机关公文处理办法和税务公务活动所提出的语言的规范、文种和格式的规范、印刷的规范。

二、细推敲

税务应用文修改的过程，要注意对应用文所有要素的把握。要使主旨由浅入深，使结构由疏至密，使标题由平到亮，使材料由粗转精。首先要检查和解决主题、立意、框架等根本性大问题，其次检查观点和材料统一、形式和内容一致等局部性问题，最后检查和解决表达方式、语言等细节问题。就如同打扫房屋，要先从屋顶扫起，再到桌面，最后才是地面，如果次序反了，可能事倍功半。

（一）推敲主题是否明确

主题是文章的"灵魂"，主要检查三个方面：一是主题是否集中、准确、鲜明，明白无误地表达行文的主旨和意图；二是主题是否符合党的路线方针政策、符合客观实际，分析问题有无片面性或绝对化；三是主题是否贯穿始终，有无出现其他主题的内容，或者文不对题。

（二）推敲结构框架是否合理

主要把握四点：一是是否逻辑严密、层次清晰、构成合理；二是是否站位高远、角度新颖，体现境界格局；三是是否符合工作规范，避免在顺序、衔接、字体等方面犯低级错误；四是整体结构是否比例协调、详略得当、重点突出。

（三）推敲标题观点是否鲜明

主要的检验标准有四条：一是是否精准独到，符合业务工作规律、领导意图、场合情景和层级角色等；二是是否高度概括、深度提炼、表达凝练；三是是否简短有力、言简义丰；四是是否观点明确、态度鲜明。

（四）推敲材料组织是否给力

材料组织与标题观点联系紧密，材料组织的目的就是为了论证标题观点，主要看四个方面：看所选用的材料是否真实准确，要有出处、依据，未经核实的材料不能要；看所选用的材料是否贴切恰当，能否聚焦、支撑和印证标题观点，与论点无关的材料不能要；看论证是否严密，是否循序渐进、层层论述，论述透彻深入；看论证过程是否符合逻辑、衔接有序、切换自然、灵活自如。

三、善取舍

在税务应用文写作中，初学者往往担心"无米下锅"，不知道写什么好，无话可说写不长；有时候材料多了又不知道怎么删；还有的时候会出现头重脚轻、头轻脚重、大肚子、干骨头架子等问题。要解决以上这些问题，就要紧紧围绕主旨主题，讲最有必要的话，援引必需的事例和数据。对于文稿中的所有要素、众多材料都要注意认清其性质、判断其真伪、估价其意义、掂量其作用，在此基础上善于取舍，做到主题重点突出、结构匀称完整、内容丰满精当、语言准确规范。

（一）沙里淘金"找文眼"

清代学者刘熙载《艺概·文概》中说："揭全文之旨，或在篇首，或在篇中，或在篇末。在篇首则后者必顾之，在篇末则前者必注之，在篇中则前注之，后顾之。顾注，抑所谓文眼者也。"一般来说，写作目的和中心思想构成应用文的主旨，主旨是应用文的灵魂，体现文章的思想主张，主旨又是统领，起着纲领的作用。"文眼"就是"揭全文之旨"的关键句子，"文眼"在篇首则后必有回应，"文眼"在篇末则前必有伏笔，"文眼"在篇中则前呼后应。找到"文眼"，即能梳理"文脉"，品味"文韵"。找到了"文眼"，围绕其大做文章，自然就会使文稿主题突出、内容饱满、文采飞扬。

（二）大刀阔斧"减负担"

契诃夫说："写得好的本领，就是删掉写得不好的地方的本领。"写得不好的内容，对于税务应用文来说，就是十足的"负担"。要大刀阔斧地对这些"负资产"进行删减。

1. 压内容。应本着"能精则精、能简则简"的原则，尽可能地压缩篇幅，对一些重复内容毫不留情地删减，力求简短精练。

2. 简层次。文稿的层次不宜过多，否则容易叠床架屋，把人绕晕，使人失去阅读的耐心。

3. 删冗语。在语言表述上，一定要删除那些可有可无的修饰性话语——那些错也未错、用也无用的话。

（三）文心雕龙"细打磨"

写税务应用文，不能只求写完、不求写好，不能敷衍应付、急于交差，而应按照习近平总书记所提出的"短实新"文风，坚决杜绝"文字游戏"，改变穿靴戴帽、四六对仗、辞藻堆砌、刻意拼凑等华而不实的习气，力求通俗易懂、质朴自然。须有"啄木鸟"的精神，以"文心雕龙"的态度，对材料的组织、资料的选用、语言的表述、词语的运用，反复打磨、精雕细刻，精益求精、力求完美。对于文字不贴切、不严谨、不恰当，以及错句、错词、错别字、错误标点，以及似是而非的数据，一定要认真校对，以免给工作带来负面影响。具体则需要充分学习并熟练掌握修改打磨的技巧方法。

1. 通读法。这是一种传统的文稿修改方法，即在初稿完成之后，出声通读几遍，把不顺口、不连贯的地方改正过来。通过诵读，也可以发现诸如语句不通、承转不严、气势不畅、声调不谐等问题，以及短词落字、书写颠倒等问题。

2. 热改法。就是在文稿起草完毕后，马上"趁热打铁"进行修改。此时，写作人员对整体构思依然熟悉，对具体问题也记忆犹新，修改时可以及时有效地发现并弥补行文过程中的某些遗漏和不足。同时，写作人员在起草过程中往往会有一些为了不打断行文思路而暂时搁置的问题，比如在准备汇报材料时，由于时间关系，税费收入或者减税降费的数据还没有，那在完稿后可以及时对数据进行更新修改。又如，领导提出的某些语言表述的精当运用、需要添加相关素材增强论证等，都需要在完稿之后再从全局出发统筹考虑，妥善处理。

3. 冷却法。就是把文稿冷却一段时间再改。鲁迅曾说"等到成后，搁它几天，然后再来复看……"。搁上几天或一段时间之后，旧的思路会减弱和淡薄，可以比较客观地站在阅读者或者使用者的角度来重新审视文稿，从而发现原有思路的某些缺陷或不完善之处。古人写作后把初稿贴在墙上，不断看，不断改，就是采用冷却法。其弊端是可能忘却起草时所获得的某些可取的甚至可贵的感觉、印象和修改意图。因此，写作人员应当尽可能地将"热改法"和"冷却法"结合起来，以求获得最佳的修改效果。

4. 讨论法。就是以集体讨论的方式对文稿进行修改。这种方法多用于内容复杂、事关重大的文稿，比如重要会议的领导讲话，报送上级的请示报告等。可通过组织相关人员进行座谈，集思广益、"三堂会审"，也可以组织文稿写作团队成员就文稿的内容和形式进行讨论研究，提出具体的修改意见，然后确定专人汇集整理大家的看法并进行必要的修改。此种方法初学者虽较少使用，但可以多参加、旁听这种讨论修改会。

5. 求助法。就是参照他人对初稿所提出的意见进行修改。"不识庐山真面目，只缘身在此山中。"正所谓"当局者迷，旁观者清"，把写好的文稿请他人提意见，他人就会从新的视角来进行推敲，往往可以发现写作者忽略的问题。由于人们思考问题的方式和角度的差异，对于他人所提的修改意见，要有一个消化、理解和整合的过程，在修改上多听听各方面不同的意见，然后再来"由自己做主"，扬长避短，去粗取精，去伪存真，把文稿改得更为完善。当然，如果是领导提出的修改意见，不仅要修改，而且还要好好琢磨为什么改。

第三节　常练出新

清人唐彪写道："谚云，'读十篇不如做一篇'。盖常做则机关熟，题虽甚难，为之亦易；不常做，则理路生，题虽甚易，为之则难。"提升应用文写作技能，勤练苦练是必由之路。正所谓"常看胸中有本，常写笔下生花"。因此，只有坚持广积累、深挖掘、勤动手、常比较，自己才会慢慢"入门"，增强感性、提升理性、提高水平。

一、广积累

"巧妇难为无米之炊"，税务应用文的起草，决不可凭主观想象，需要建立在广泛积累、充分占有素材的基础上，这也是一个对素材归纳、消化、加工和升华的过程。积累素材内容要丰富全面，方法要灵活多样，关键是要注重实践运用。

（一）功夫用在平时，积累内容要丰富

素材积累应以平时搜集为主，注重建好"四库"。一要建好"上级政策文件库"，让积累有高度。可以按"国家政策""上级文件""重要讲话"等类别建立，特别是与税务系统密切相关的理论和政策法规。二要建好"本级情况资料库"，让积累有广度。包括本系统单位的历史沿革、发展历程、工作总结、大事记等。三要建好"同行经验库"，让积累有宽度。包括税务系统兄弟单位，以及其他相关行业领域的先进经验、特色做法。四要建好"通用写作素材库"，让积累有厚度。积累与税务应用文写作有关的历史典故、名言警句、群众俗语、例文范文、流行新词、网络用语等资料。

（二）注重兼收并蓄，积累方法要灵活

积累素材有四种常用方法：一是做好报刊资料摘抄。摘抄报刊中的文章、段落、篇章、字句，有电子版的可进行电子档整理。二是做好网络资源整合。注重日常在网络中对有价值信息的收集，可复制、链接有关文章和资料，或随手截屏保存，再整理成文字电子档，久而久之就是"素材库"。三是做好群众语言记录。可通过手机记事本、随身小卡片等记录群众语言和智慧，做到"听见就记下"，不错过群众口中的"金句"。四是做好诗词歌赋引用。对工作、学习中遇到的"诗词歌赋"好的用法，及时记录下来，思考可用何处。

（三）着眼工作实践，积累素材要实用

积累素材要着眼于实用，要按照实际工作需要详细分类。例如，领导讲话方面的文稿，如果仅以"领导讲话"为文件夹标题，内容众多，难免杂乱。对此，可以把"领导讲话"再细分为"会议类讲话""宣传类讲话""礼仪类讲话"等，还可根据工作需要把"会议类讲话"再分为"工作会议讲话""动员会议讲话""现场会、经验交流会讲话"等不同子文件夹，如此就能精准找到所需内容，提高效率。在此基础上，要及时学习消化积累的素材，着重把握材料的精神实质，尤其是思想观点、思路方法、框架结构等，还要联系本单位的工作实际，融会贯通并加以提炼、概括，形成自己的新思想新观点。

二、深挖掘

作为初学者，想写好税务应用文，就要学会从上级精神中挖掘内涵主旨、从领导意图中挖掘精髓要义、从基层实践中挖掘经验启示。做到上接天线，将上级要求吃透，把政策规定理解好；下接地气，把基层情况摸准，胸有成竹，避免脱离实际；上下贯通，"兵位帅谋"，想领导之所想，谋领导之所谋。既要深入领会上级精神要义，又要结合基层实践实际；既要把握领导所思所想，又要掌握工作成效问题。通过深度挖掘，形成最有价值、最有意义、最能体现主旨思想的材料，才能最终写出高质量的文稿。

（一）从上级精神中挖掘内涵主旨

在税务工作中，很多应用文都是秉承上级的文件或者会议精神来起草的。

因此，要写好税务应用文，首要的就是充分挖掘并切实领会上级精神。要主动同上级机关保持经常性的沟通联系，及时了解上级税务机关在不同时间节点召开的各类会议、有关领导的讲话、下发的文件精神等，悉心体悟上级机关决策的关注点、工作的着力点，把上级领导讲话和有关文件精神学习吃透，深入挖掘精神实质，发现思想内涵，把握精髓重点，记住主旨观点，熟知措施办法，摸清实际情况，结合本地区、本部门的实际，进行分析判断和吸收借鉴。同时要学习掌握上级文件和领导讲话总体架构、层次段落、思想脉络、语言表达等。在此基础上再动笔写作，既能贯彻上级精神有"干货"、有特色，又能避免报告与上级文件、领导讲话的具体部署和要求上简单、重复、同质化。

（二）从领导意图中挖掘精髓要义

俗话说，做事不由东，累死也无功。因此，在起草应用文时，一定要细心观察、悉心揣摩、科学分析，努力把握领导的意图，力争把感性的东西理性化、不完整的东西系统化。向领导请教问题时，尽可能多听、多记、多看、多思，把握领导的思想观点、工作作风、讲话风格。尤其要多主动参加领导主持召开的各种会议和调研活动，多听领导的即兴讲话，对于领导提出比较成熟的见解和构思，撰写讲话稿时要毫不遗漏地将其记录下来并转化成顺畅的文字；如果领导只说了要点式意图，则要敢于将自己考虑到的、在拟稿中可能遇到的各种问题一次性提出来，请领导明确指示处理意见和办法；对一些热点、难点、疑点问题的解决措施，或者对一些模糊认识要及时请示领导，切忌不懂装懂、自以为是，以免南辕北辙，出了力、费了神，还要推倒重来。

（三）从基层实践中挖掘经验启示

沉下身子问良策，深入群众接地气，才能写出分量重、劲道足的稿子。税务系统点多面广线长，身处机关的同志想要写好税务应用文，就要深入基层实践，及时发现挖掘税收工作前沿最新、最有意义、最具代表性、最有说服力的信息资料。要坚持问题导向，围绕工作重点，到基层中去，走进办税大厅、企业厂矿、基层分局，听纳税人缴费人的呼声，听基层税务干部的心声，了解政策措施落实情况，了解纳税人缴费人的需求情况，多方面听取基层干部群众的意见建议，了解一线实情，收集一手资料，多视角了解基层的工作动态。要将上级精神与基层工作实际有机结合起来，提出有针对性、可操作的意见建议，更加精准地对接发展所需、基层所盼、民心所向。特别要对基层结合实际贯彻落实上级精神，创造性开展工作的特色亮点提炼好、反映好。要尽可能地与基层从事文字工作的同志交朋友，通过定期走访、座谈，随时随地保持交流沟通，第一时间掌握基层的工作动态，多写些让人耳目一新、让基层解渴提气的文稿。

三、勤动手

写作的规律，只有在多写多练中才能不断加深认识；写作的能力，只有在多写多练中才能逐步提高。要敢写，万事开头难，敢写就不难。要持续地写，"拳不离手，曲不离口，笔常握在手"。要及时地写，趁热打铁，一放一拖心气就不足了，灵感也就没了。但也要清醒地认识到，多写多练并不是一个单纯的数量问题，不是写的数量多了，能力就必然提升了，必须把数量和质量、效果统一起来，每写一篇都要有相应的收获和长进，这样才会技艺娴熟，熟能生巧。

（一）要善于模仿

茅盾先生把模仿作为学习和创造的前提，说"模仿是创造的第一步，是学习的最初形式"。模仿是写作入门与提升的重要路径，正确运用模仿进行写作训练，有助于提升鉴赏能力，掌握写作技法，提升写作能力，正所谓"熟读唐诗三百首，不会写来也会吟"。但模仿不是抄袭。我们反对照搬照抄、复制粘贴，提倡和鼓励学习借鉴、消化吸收，在模仿中创新，在借鉴中超越。正如同唐代诗人王勃借用庾信《马射赋》"落花与芝盖同飞，杨柳共春旗一色"这句诗，仿造出了"落霞与孤鹜齐飞，秋水共长天一色"的千古名句。以简讯信息类应用文为例，写作一篇会议信息，要在充分占有会议相关材料和亲身参加会议的基础上，紧紧围绕会议主题和领导讲话，明确中心、突出重点，提炼概括、真实准确，做到"一快、二简、三精、四准"。可以参考好的简讯信息范文模版，模仿借鉴，学习框架的搭建、材料的取舍、语言的简洁、内容的准确，并在练习过程中加以总结。实践证明，勤于学范文、仿范文是一条提升写作能力的捷径，也是成为写作高手必须经历的阶段。

（二）要循序渐进

提升写作能力是一个艰苦而漫长的过程，不可能一蹴而就，要克服心浮气躁、眼高手低、急功近利，踏踏实实写作，勤勤恳恳办文，循序渐进练笔，由简到繁、由浅至深、由易到难。根据工作需要，先从自己熟悉和常用的文种写起，然后逐步向其他领域拓展。

（三）要自我加压

"事不经不懂，笔不练则疏"，对于初学者，在写作练习过程中要定期给自己设定一个小目标，自我加压，自我激励，通过一个个小目标的实现，积小胜为大胜。比如，信息类、经验类的材料，可以把目标定在税务机关单位内网或者上级单位的信息采编上，调研类、专报类的材料，可以把目标定在相关领导的肯定批示或者内部刊物选用上。当然也可以主动去练习一些领导交办给其他同志的任务，在吃透相关文件精神，理解领会领导意图，摸清主题要求和有关情况的基础上，尝试自己列写提纲，练习写出成稿。事后再与别人的成稿进行对照，查找差距，总结经验，更好改进提升。

四、常比较

俗话说，有比较才有鉴别，比较是知好坏、晓优劣、见长短的有效方法。初学者在练习写作过程中，最大的困惑就是没有人指导批改，无法知道自己的文稿到底写得怎么样，更无从了解自己文稿存在哪些问题，如何加以改进。因此，初学者在加强日常练笔过程中，要学会用比较的方法，取人之长，补己之短。怎么在比较和分析中提升应用文的写作能力？具体可以从以下三个方面展开对照比较。

（一）对照花脸稿，在比较中明道理

领导修改后的花脸稿是最好的比较材料。如果领导在安排的相关材料纸质版上修改或者在电子稿上以修订模式修改，这对于初学者来说就是"武林秘籍"，相当于领导手把手地传授了写作的技艺。因此，要高度重视领导修改后的花脸稿，深入学习领导的修改之处，并细细琢磨为什么如此修改，修改后的高明之处在哪儿，认识到"应该这么写"的道理和"不应该那么写"的原因，每对照一次，就相当于和领导进行了一次间接的思想交流。当然，也可以将领导改过的花脸稿分类整理，形成个人的"错题本"，经常对照学习，将受益匪浅。

（二）对照成熟稿，在比较中知差距

将自己练习性、草稿性文稿与内容、体裁相同的成熟文稿进行比较。比如，写一篇工作总结，可以将自己写的习作与之前已经定稿的文稿进行对比，看一看定稿的结构是如何搭建的，标题是如何拟制的，相关工作内容是如何填充的，亮点工作是如何凸显的。通过对比，发现自己的差距，是结构不优，还是内容不全，又或者是表述不够准确，并深入思考为什么会有这样的差距，以彼之长补己之短。

（三）对照典范稿，在比较中见方向

初学者往往不知道一篇典范文稿为什么好，因此可以把围绕同一主题的文稿对比着进行学习。例如，可以把每年本单位的工作会报告与上级单位的工作会报告一起比较学习，看看上级的文稿在站位上、在角度选择上、在问题的阐述上有何高明之处，看看本单位历年的报告在总结成绩、分析形势、安排工作时有什么特色和长短。通过比较，可以博采众家之长，找到今后努力的方向。

本章小结：本章从税务应用文构思上的立意布局、内容上的精雕细琢和实践上的常练出新三个方面，介绍了一些提升税务应用文写作技能的经验和方法。这里要说明的是，优秀的写作能力并不是一种与生俱来的天赋，也不是写作者一时的"灵光乍现"，而是来自长期的艰苦磨砺和辛勤耕耘。勤能补拙，希望大家能勤思苦练，在积累、比较、感悟、借鉴中不断提高自己的税务应用文写作能力。

附　录

党政机关公文处理工作条例

中办发〔2012〕14 号

第一章　总　则

第一条　为了适应中国共产党机关和国家行政机关（以下简称党政机关）工作需要，推进党政机关公文处理工作科学化、制度化、规范化，制定本条例。

第二条　本条例适用于各级党政机关公文处理工作。

第三条　党政机关公文是党政机关实施领导、履行职能、处理公务的具有特定效力和规范体式的文书，是传达贯彻党和国家的方针政策，公布法规和规章，指导、布置和商洽工作，请示和答复问题，报告、通报和交流情况等的重要工具。

第四条　公文处理工作是指公文拟制、办理、管理等一系列相互关联、衔接有序的工作。

第五条　公文处理工作应当坚持实事求是、准确规范、精简高效、安全保密的原则。

第六条　各级党政机关应当高度重视公文处理工作，加强组织领导，强化队伍建设，设立文秘部门或者由专人负责公文处理工作。

第七条　各级党政机关办公厅（室）主管本机关的公文处理工作，并对下级机关的公文处理工作进行业务指导和督促检查。

第二章　公文种类

第八条　公文种类主要有：

（一）决议。适用于会议讨论通过的重大决策事项。

（二）决定。适用于对重要事项作出决策和部署、奖惩有关单位和人员、变更或者撤销下级机关不适当的决定事项。

（三）命令（令）。适用于公布行政法规和规章、宣布施行重大强制性措施、批准授予和晋升衔级、嘉奖有关单位和人员。

（四）公报。适用于公布重要决定或者重大事项。

（五）公告。适用于向国内外宣布重要事项或者法定事项。

（六）通告。适用于在一定范围内公布应当遵守或者周知的事项。

（七）意见。适用于对重要问题提出见解和处理办法。

（八）通知。适用于发布、传达要求下级机关执行和有关单位周知或者执行的事项，批转、转发公文。

（九）通报。适用于表彰先进、批评错误、传达重要精神和告知重要情况。

（十）报告。适用于向上级机关汇报工作、反映情况，回复上级机关的询问。

（十一）请示。适用于向上级机关请求指示、批准。

（十二）批复。适用于答复下级机关请示事项。

（十三）议案。适用于各级人民政府按照法律程序向同级人民代表大会或者人民代表大会常务委员会提请审议事项。

（十四）函。适用于不相隶属机关之间商洽工作、询问和答复问题、请求批准和答复审批事项。

（十五）纪要。适用于记载会议主要情况和议定事项。

第三章　公文格式

第九条　公文一般由份号、密级和保密期限、紧急程度、发文机关标志、发文字号、签发人、标题、主送机关、正文、附件说明、发文机关署名、成文日期、印章、附注、附件、抄送机关、印发机关和印发日期、页码等组成。

（一）份号。公文印制份数的顺序号。涉密公文应当标注份号。

（二）密级和保密期限。公文的秘密等级和保密的期限。涉密公文应当根据涉密程度分别标注"绝密""机密""秘密"和保密期限。

（三）紧急程度。公文送达和办理的时限要求。根据紧急程度，紧急公文应当分别标注"特急""加急"，电报应当分别标注"特提""特急""加急""平急"。

（四）发文机关标志。由发文机关全称或者规范化简称加"文件"二字组成，也可以使用发文机关全称或者规范化简称。联合行文时，发文机关标志可以并用联合发文机关名称，也可以单独用主办机关名称。

（五）发文字号。由发文机关代字、年份、发文顺序号组成。联合行文时，使用主办机关的发文字号。

（六）签发人。上行文应当标注签发人姓名。

（七）标题。由发文机关名称、事由和文种组成。

（八）主送机关。公文的主要受理机关，应当使用机关全称、规范化简称或者同类型机关统称。

（九）正文。公文的主体，用来表述公文的内容。

（十）附件说明。公文附件的顺序号和名称。

（十一）发文机关署名。署发文机关全称或者规范化简称。

（十二）成文日期。署会议通过或者发文机关负责人签发的日期。联合行文时，署最后签发机关负责人签发的日期。

（十三）印章。公文中有发文机关署名的，应当加盖发文机关印章，并与署名机关相符。有特定发文机关标志的普发性公文和电报可以不加盖印章。

（十四）附注。公文印发传达范围等需要说明的事项。

（十五）附件。公文正文的说明、补充或者参考资料。

（十六）抄送机关。除主送机关外需要执行或者知晓公文内容的其他机关，应当使用机关全称、规范化简称或者同类型机关统称。

（十七）印发机关和印发日期。公文的送印机关和送印日期。

（十八）页码。公文页数顺序号。

第十条　公文的版式按照《党政机关公文格式》国家标准执行。

第十一条　公文使用的汉字、数字、外文字符、计量单位和标点符号等，按照有关国家标准和规定执行。民族自治地方的公文，可以并用汉字和当地通用的少数民族文字。

第十二条　公文用纸幅面采用国际标准 A4 型。特殊形式的公文用纸幅面，根据实际需要确定。

第四章　行文规则

第十三条　行文应当确有必要，讲求实效，注重针对性和可操作性。

第十四条　行文关系根据隶属关系和职权范围确定。一般不得越级行文，特殊情况需要越级行文的，应当同时抄送被越过的机关。

第十五条　向上级机关行文，应当遵循以下规则：

（一）原则上主送一个上级机关，根据需要同时抄送相关上级机关和同级机关，不抄送下级机关。

（二）党委、政府的部门向上级主管部门请示、报告重大事项，应当经本级党委、政府同意或者授权；属于部门职权范围内的事项应当直接报送上级主管部门。

（三）下级机关的请示事项，如需以本机关名义向上级机关请示，应当提出倾向性意见后上报，不得原文转报上级机关。

（四）请示应当一文一事。不得在报告等非请示性公文中夹带请示事项。

（五）除上级机关负责人直接交办事项外，不得以本机关名义向上级机关负责人报送公文，不得以本机关负责人名义向上级机关报送公文。

（六）受双重领导的机关向一个上级机关行文，必要时抄送另一个上级机关。

第十六条 向下级机关行文，应当遵循以下规则：

（一）主送受理机关，根据需要抄送相关机关。重要行文应当同时抄送发文机关直接上级机关。

（二）党委、政府的办公厅（室）根据本级党委、政府授权，可以向下级党委、政府行文，其他部门和单位不得向下级党委、政府发布指令性公文或者在公文中向下级党委、政府提出指令性要求。需经政府审批的具体事项，经政府同意后可以由政府职能部门行文，文中须注明已经政府同意。

（三）党委、政府的部门在各自职权范围内可以向下级党委、政府的相关部门行文。

（四）涉及多个部门职权范围内的事务，部门之间未协商一致的，不得向下行文；擅自行文的，上级机关应当责令其纠正或者撤销。

（五）上级机关向受双重领导的下级机关行文，必要时抄送该下级机关的另一个上级机关。

第十七条 同级党政机关、党政机关与其他同级机关必要时可以联合行文。属于党委、政府各自职权范围内的工作，不得联合行文。

党委、政府的部门依据职权可以相互行文。部门内设机构除办公厅（室）外不得对外正式行文。

第五章 公文拟制

第十八条 公文拟制包括公文的起草、审核、签发等程序。

第十九条 公文起草应当做到：

（一）符合党的理论路线方针政策和国家法律法规，完整准确体现发文机关意图，并同现行有关公文相衔接。

（二）一切从实际出发，分析问题实事求是，所提政策措施和办法切实可行。

（三）内容简洁，主题突出，观点鲜明，结构严谨，表述准确，文字精练。

（四）文种正确，格式规范。

（五）深入调查研究，充分进行论证，广泛听取意见。

（六）公文涉及其他地区或者部门职权范围内的事项，起草单位必须征求相关地区或者部门意见，力求达成一致。

（七）机关负责人应当主持、指导重要公文起草工作。

第二十条 公文文稿签发前，应当由发文机关办公厅（室）进行审核。审核的重点是：

（一）行文理由是否充分，行文依据是否准确。

（二）内容是否符合党的理论路线方针政策和国家法律法规；是否完整准确体现发文机关意图；是否同现行有关公文相衔接；所提政策措施和办法是否切实可行。

（三）涉及有关地区或者部门职权范围内的事项是否经过充分协商并达成一致意见。

（四）文种是否正确，格式是否规范；人名、地名、时间、数字、段落顺序、引文等是否准确；文字、数字、计量单位和标点符号等用法是否规范。

（五）其他内容是否符合公文起草的有关要求。

需要发文机关审议的重要公文文稿，审议前由发文机关办公厅（室）进行初核。

第二十一条 经审核不宜发文的公文文稿，应当退回起草单位并说明理由；符合发文条件但内容需作进一步研究和修改的，由起草单位修改后重新报送。

第二十二条 公文应当经本机关负责人审批签发。重要公文和上行文由机关主要负责人签发。党委、政府的办公厅（室）根据党委、政府授权制发的公文，由受权机关主要负责人签发或者按照有关规定签发。签发人签发公文，应当签署意见、姓名和完整日期；圈阅或者签名的，视为同意。联合发文由所有联署机关的负责人会签。

第六章　公文办理

第二十三条　公文办理包括收文办理、发文办理和整理归档。

第二十四条　收文办理主要程序是：

（一）签收。对收到的公文应当逐件清点，核对无误后签字或者盖章，并注明签收时间。

（二）登记。对公文的主要信息和办理情况应当详细记载。

（三）初审。对收到的公文应当进行初审。初审的重点是：是否应当由本机关办理，是否符合行文规则，文种、格式是否符合要求，涉及其他地区或者部门职权范围内的事项是否已经协商、会签，是否符合公文起草的其他要求。经初审不符合规定的公文，应当及时退回来文单位并说明理由。

（四）承办。阅知性公文应当根据公文内容、要求和工作需要确定范围后分送。批办性公文应当提出拟办意见报本机关负责人批示或者转有关部门办理；需要两个以上部门办理的，应当明确主办部门。紧急公文应当明确办理时限。承办部门对交办的公文应当及时办理，有明确办理时限要求的应当在规定时限内办理完毕。

（五）传阅。根据领导批示和工作需要将公文及时送传阅对象阅知或者批示。办理公文传阅应当随时掌握公文去向，不得漏传、误传、延误。

（六）催办。及时了解掌握公文的办理进展情况，督促承办部门按期办结。紧急公文或者重要公文应当由专人负责催办。

（七）答复。公文的办理结果应当及时答复来文单位，并根据需要告知相关单位。

第二十五条　发文办理主要程序是：

（一）复核。已经发文机关负责人签批的公文，印发前应当对公文的审批手续、内容、文种、格式等进行复核；需作实质性修改的，应当报原签批人复审。

（二）登记。对复核后的公文，应当确定发文字号、分送范围和印制份数并详细记载。

（三）印制。公文印制必须确保质量和时效。涉密公文应当在符合保密要求的场所印制。

（四）核发。公文印制完毕，应当对公文的文字、格式和印刷质量进行检查后分发。

第二十六条　涉密公文应当通过机要交通、邮政机要通信、城市机要文件交换站或者收发件机关机要收发人员进行传递，通过密码电报或者符合国家保密规定的计算机信息系统进行传输。

第二十七条　归档的公文及有关材料，应当根据有关档案法律法规以及机关档案管理规定，及时收集齐全、整理归档。两个以上机关联合办理的公文，原件由主办机关归档，相关机关保存复制件。机关负责人兼任其他机关职务的，在履行所兼职务过程中形成的公文，由其兼职机关归档。

第七章　公文管理

第二十八条　各级党政机关应当建立健全本机关公文管理制度，确保管理严格规范，充分发挥公文效用。

第二十九条　党政机关公文由文秘部门或者专人统一管理。设立党委（党组）的县级以上单位应当建立机要保密室和机要阅文室，并按照有关保密规定配备工作人员和必要的安全保密设施设备。

第三十条　公文确定密级前，应当按照拟定的密级先行采取保密措施。确定密级后，应当按照所定密级严格管理。绝密级公文应当由专人管理。

公文的密级需要变更或者解除的，由原确定密级的机关或者其上级机关决定。

第三十一条　公文的印发传达范围应当按照发文机关的要求执行；需要变更的，应当经发文机关批准。

涉密公文公开发布前应当履行解密程序。公开发布的时间、形式和渠道，由发文机关确定。

经批准公开发布的公文，同发文机关正式印发的公文具有同等效力。

第三十二条　复制、汇编机密级、秘密级公文，应当符合有关规定并经本机关负责人批准。绝密级公文一般不得复制、汇编，确有工作需要的，应当经发文机关或者其上级机关批准。复制、汇编的公文视同原件管理。

复制件应当加盖复制机关戳记。翻印件应当注明翻印的机关名称、日期。汇编本的密级按照编入公文的最高密级标注。

第三十三条　公文的撤销和废止，由发文机关、上级机关或者权力机关根据职权范围和有关法律法规决定。公文被撤销的，视为自始无效；公文被废止的，视为自废止之日起失效。

第三十四条　涉密公文应当按照发文机关的要求和有关规定进行清退或者销毁。

第三十五条　不具备归档和保存价值的公文，经批准后可以销毁。销毁涉密公文必须严格按照有关规定履行审批登记手续，确保不丢失、不漏销。个人不得私自销毁、留存涉密公文。

第三十六条　机关合并时，全部公文应当随之合并管理；机关撤销时，需要归档的公文经整理后按照有关规定移交档案管理部门。

工作人员离岗离职时，所在机关应当督促其将暂存、借用的公文按照有关规定移交、清退。

第三十七条　新设立的机关应当向本级党委、政府的办公厅（室）提出发文立户申请。经审查符合条件的，列为发文单位，机关合并或者撤销时，相应进行调整。

第八章　附　则

第三十八条　党政机关公文含电子公文。电子公文处理工作的具体办法另行制定。

第三十九条　法规、规章方面的公文，依照有关规定处理。外事方面的公文，依照外事主管部门的有关规定处理。

第四十条　其他机关和单位的公文处理工作，可以参照本条例执行。

第四十一条　本条例由中共中央办公厅、国务院办公厅负责解释。

第四十二条　本条例自 2012 年 7 月 1 日起施行。1996 年 5 月 3 日中共中央办公厅发布的《中国共产党机关公文处理条例》和 2000 年 8 月 24 日国务院发布的《国家行政机关公文处理办法》停止执行。

立法技术规范（试行）（一）（二）

　　《立法技术规范（试行）（一）》对实践中使用比较混乱，意思相近的，且容易引起歧义的一些法律常用词语的使用作了规范。包括：和，以及，或者；应当，必须；不得，禁止；但是，但；除……外，除……以外；依照，按照，参照；制定，规定；会同，商；缴纳，交纳；抵销，抵消；账，帐；以上，以下，以内，不满，超过；日，工作日等。

　　《立法技术规范（试行）（二）》对立法实践中一些存在混用或者使用不一致的法律常用词语进行了规范。包括：作出，做出；公布，发布，公告；违法，非法；设定，设立；执业人员，从业人员；批准，核准；注销，吊销，撤销；根据，依据；谋取，牟取等。

立法技术规范（试行）（一）（节选）

法工委发〔2009〕62 号

（前略）

13. 和，以及，或者

13.1　"和"连接的并列句子成分，其前后成分无主次之分，互换位置后在语法意义上不会发生意思变化，但是在法律表述中应当根据句子成分的重要性、逻辑关系或者用语习惯排序。

　　示例1：一切法律、行政法规和地方性法规都不得同宪法相抵触。

　　示例2：较大的车站、机场、港口、高等院校和宾馆应当设置提供邮政普遍服务的邮政营业场所。

13.2　"以及"连接的并列句子成分，其前后成分有主次之分，前者为主，后者为次，前后位置不宜互换。

　　示例1：开庭应当公开，但涉及国家秘密、商业秘密和个人隐私以及当事人约定不公开的除外。

　　示例2：国务院和省、自治区、直辖市人民政府根据水环境保护的需要，可以规定在饮用水水源保护区内，采取禁止或者限制使用含磷洗涤剂、化肥、农药以及限制种植养殖等措施。

13.3　"或者"表示一种选择关系，一般只指其所连接的成分中的某一部分。

示例：任何组织或者个人不得侵占、买卖或者以其他形式非法转让土地。土地的使用权可以依照法律的规定转让。

14. 应当，必须

"应当"与"必须"的含义没有实质区别。法律在表述义务性规范时，一般用"应当"，不用"必须"。

示例：仲裁庭对农村土地承包经营纠纷应当进行调解。调解达成协议的，仲裁庭应当制作调解书；调解不成的，应当及时作出裁决。

15. 不得，禁止

"不得""禁止"都用于禁止性规范的情形。"不得"一般用于有主语或者有明确的被规范对象的句子中，"禁止"一般用于无主语的祈使句中。

示例1：任何组织或者个人都不得有超越宪法和法律的特权。

示例2：禁止非法拘禁和以其他方法非法剥夺或者限制公民的人身自由，禁止非法搜查公民的身体。

不再使用"不准""不应""不能""严禁"等与"不得"和"禁止"相近的词语。

16. 但是，但

"但是""但"二者的含义相同，只是运用习惯的不同。法律中的但书，一般用"但是"，不用单音节词"但"。"但是"后一般加逗号，在简单句中也可以不加。

17. 除……外，除……以外

"除……外"和"除……以外"搭配的句式用于对条文内容作排除、例外或者扩充规定的表述。对条文内容作排除、例外表达的，置于句首或者条文中间，表述为"除……外，……"或者"……除……以外，……"；对条文内容作扩充表达的，置于条文中间，表述为"……除……以外，还……"。

示例1：除法律另有规定外，任何组织或者个人不得检查、扣留邮件、汇款。

示例2：农村和城市郊区的土地，除由法律规定属于国家所有的以外，属于集体所有；宅基地和自留地、自留山，也属于集体所有。

示例3：买卖合同内容除依照本法第十二条的规定以外，还可以包括包装方式、检验标准和方法、结算方式、合同使用的文字及其效力等条款。

18. 依照，按照，参照

18.1 规定以法律法规作为依据的，一般用"依照"。

示例：国务院和地方人民政府依照法律、行政法规的规定，分别代表国家对国家出资企业履行出资人职责，享有出资人权益。

18.2 "按照"一般用于对约定、章程、规定、份额、比例等的表述。

示例1：投保人可以按照合同约定向保险人一次支付全部保险费或者分期支付保险费。

示例2：履行出资人职责的机构应当按照国家有关规定，定期向本级人民政府报告有关国有资产总量、结构、变动、收益等汇总分析的情况。

18.3 "参照"一般用于没有直接纳入法律调整范围，但是又属于该范围逻辑内涵自然延伸的事项。

示例：本法第二条规定的用人单位以外的单位，产生职业病危害的，其职业病防治活动可以参照本法执行。

19. 制定，规定

19.1 表述创设法律、法规等规范性文件时，用"制定"；表述就具体事项作出决定时，用"规定"。

示例1：省、直辖市的人民代表大会和它们的常务委员会，在不同宪法、法律、行政法规相抵触的前提下，可以制定地方性法规，报全国人民代表大会常务委员会备案。

示例2：全国人民代表大会代表名额和代表产生办法由法律规定。

19.2 在表述制定或者规定的语境下，与"规定""制定"相近似的用语"确定""核定""另订"等，今后立法中一般不再使用，统一代之以"规定""制定"或者"另行制定""另行规定"。

20. 会同，商

20.1 "会同"用于法律主体之间共同作出某种行为的情况。"会同"前面的主体是牵头者，"会同"后面的主体是参与者，双方需协商一致，共同制定、发布规范性文件或者作出其他行为。

示例：具体办法由国务院证券监督管理机构会同有关主管部门制定。

20.2 "商"用于前面的主体是事情的主办者，后面的主体是提供意见的一方，在协商的前提下，由前面的主体单独制定并发布规范性文件。

示例：司法鉴定的收费项目和收费标准由国务院司法行政部门商国务院价

格主管部门确定。

21. 缴纳，交纳

"交纳"较"缴纳"的含义更广，涵盖面更宽。法律中规定当事人自己向法定机关交付款项时，一般使用"交纳"。但是在规定包含有强制性意思时，可以用"缴纳"。

示例1：当事人进行民事诉讼，应当按照规定交纳案件受理费。财产案件除交纳案件受理费外，并按照规定交纳其他诉讼费用。

示例2：违反本法规定，应当承担民事赔偿责任和缴纳罚款、罚金，其财产不足以同时支付时，先承担民事赔偿责任。

22. 抵销，抵消

"抵消"用于表述两种事物的作用因相反而互相消除，"抵销"用于表述账的冲抵。法律中表述债权债务的相互冲销抵免情形时，用"抵销"，不用"抵消"。

示例：合伙人发生与合伙企业无关的债务，相关债权人不得以其债权抵销其对合伙企业的债务；也不得代位行使合伙人在合伙企业中的权利。

23. 账，帐

表述货币、货物出入的记载、账簿以及债等意思时，用"账"，不用"帐"。

示例：保险代理机构、保险经纪人应当有自己的经营场所，设立专门账簿记载保险代理业务、经纪业务的收支情况。

24. 以上，以下，以内，不满，超过

规范年龄、期限、尺度、重量等数量关系，涉及以上、以下、以内、不满、超过的规定时，"以上、以下、以内"均含本数，"不满、超过"均不含本数。

示例1：盗窃、诈骗、哄抢、抢夺、敲诈勒索或者故意损毁公私财物的，处五日以上十日以下拘留，可以并处五百元以下罚款；情节较重的，处十日以上十五日以下拘留，可以并处一千元以下罚款。

示例2：公安机关对吸毒成瘾人员决定予以强制隔离戒毒的，应当制作强制隔离戒毒决定书，在执行强制隔离戒毒前送达被决定人，并在送达后二十四小时以内通知被决定人的家属、所在单位和户籍所在地公安派出所；被决定人不讲真实姓名、住址，身份不明的，公安机关应当自查清其身份后通知。

示例3：劳动合同期限三个月以上不满一年的，试用期不得超过一个月；劳动合同期限一年以上不满三年的，试用期不得超过两个月；三年以上固定期限和无固定期限的劳动合同，试用期不得超过六个月。

25. 日，工作日

"日"和"工作日"在法律时限中的区别是："日"包含节假日，"工作日"不包含节假日。对于限制公民人身自由或者行使权力可能严重影响公民、法人和其他组织的其他权利的，应当用"日"，不用"工作日"。

示例1：公安机关对被拘留的人，认为需要逮捕的，应当在拘留后的三日以内，提请人民检察院审查批准。在特殊情况下，提请审查批准的时间可以延长一日至四日。

对于流窜作案、多次作案、结伙作案的重大嫌疑分子，提请审查批准的时间可以延长至三十日。

示例2：人民法院对当事人提出的回避申请，应当在申请提出的三日内，以口头或者书面形式作出决定。

立法技术规范（试行）（二）（节选）

法工委发〔2011〕5号

（前略）

6. 作出，做出

6.1 "作出"多与决定、解释等词语搭配使用。

示例1：农村土地承包仲裁委员会对回避申请应当及时作出决定，以口头或者书面方式通知当事人，并说明理由。（农村土地承包经营纠纷调解仲裁法第二十九条）

示例2：最高人民法院、最高人民检察院作出的属于审判、检察工作中具体应用法律的解释，应当自公布之日起三十日内报全国人民代表大会常务委员会备案。（监督法第三十一条）

6.2 "做出"多与名词词语搭配使用。

示例1：对在社会主义建设中做出显著成绩的残疾人，对维护残疾人合法权益、发展残疾人事业、为残疾人服务做出显著成绩的单位和个人，各级人民政府和有关部门给予表彰和奖励。（残疾人保障法第十三条）

示例2：国务院和沿海地方各级人民政府应当加强对海岛保护的宣传教育工作，增强公民的海岛保护意识，并对在海岛保护以及有关科学研究工作中做

出显著成绩的单位和个人予以奖励。（海岛保护法第七条）

7. 公布，发布，公告

7.1　"公布"用于公布法律、行政法规、结果、标准等。

示例1：本法自公布之日起施行。（村民委员会组织法第四十一条）

示例2：统计调查项目的审批机关应当对调查项目的必要性、可行性、科学性进行审查，对符合法定条件的，作出予以批准的书面决定，并公布；对不符合法定条件的，作出不予批准的书面决定，并说明理由。（统计法第十三条）

示例3：食品安全国家标准由国务院卫生行政部门负责制定、公布，国务院标准化行政部门提供国家标准编号。（食品安全法第二十一条）

7.2　"发布"用于公开发出新闻、信息、命令、指示等。

示例1：履行统一领导职责或者组织处置突发事件的人民政府，应当按照有关规定统一、准确、及时发布有关突发事件事态发展和应急处置工作的信息。（突发事件应对法第五十三条）

示例2：突发事件发生地的其他单位应当服从人民政府发布的决定、命令，配合人民政府采取的应急处置措施，做好本单位的应急救援工作，并积极组织人员参加所在地的应急救援和处置工作。（突发事件应对法第五十六条第二款）

7.3　"公告"用于向公众发出告知事项。

示例1：遇有大型群众性活动、大范围施工等情况，需要采取限制交通的措施，或者作出与公众的道路交通活动直接有关的决定，应当提前向社会公告。（道路交通安全法第三十九条）

示例2：专利复审委员会对宣告专利权无效的请求应当及时审查和作出决定，并通知请求人和专利权人。宣告专利权无效的决定，由国务院专利行政部门登记和公告。（专利法第四十六条）

8. 违法，非法

8.1　"违法"一般用于违反法律强制性规范的行为。

示例1：被检查单位或者个人拒不停止违法行为，造成严重水土流失的，报经水行政主管部门批准，可以查封、扣押实施违法行为的工具及施工机械、设备等。（水土保持法第四十三条）

示例2：村民委员会不及时公布应当公布的事项或者公布的事项不真实的，村民有权向乡、民族乡、镇的人民政府或者县级人民政府及其有关主管部门反映，有关人民政府或者主管部门应当负责调查核实，责令依法公布；经查证确

有违法行为的，有关人员应当依法承担责任。（村民委员会组织法第三十一条）

8.2 "非法"通常情况下也是违法，但主要强调缺乏法律依据的行为。

示例1：任何组织和个人不得侵占、挪用义务教育经费，不得向学校非法收取或者摊派费用。（义务教育法第四十九条）

示例2：非法占有高度危险物造成他人损害的，由非法占有人承担侵权责任。所有人、管理人不能证明对防止他人非法占有尽到高度注意义务的，与非法占有人承担连带责任。（侵权责任法第七十五条）

9. 设定，设立

"设定"和"设立"都可以用于权利、义务、条件等的设置。"设立"还可以用于成立或者开办组织、机构、项目等。

示例1：行政机关和法律、法规授权的具有管理公共事务职能的组织不得滥用行政权力，以设定歧视性资质要求、评审标准或者不依法发布信息等方式，排斥或者限制外地经营者参加本地的招标投标活动。（反垄断法第三十四条）

示例2：不动产物权的设立、变更、转让和消灭，应当依照法律规定登记。动产物权的设立和转让，应当依照法律规定交付。（物权法第六条）

示例3：国务院设立食品安全委员会，其工作职责由国务院规定。（食品安全法第四条）

示例4：国务院和县级以上地方人民政府根据实际需要，设立专项资金，扶持农村地区、民族地区实施义务教育。（义务教育法第四十七条）

10. 执业人员，从业人员

10.1 "执业人员"用于表述符合法律规定的条件，依法取得相应执业证书，并从事为社会公众提供服务的人员。

示例1：本法所称律师，是指依法取得律师执业证书，接受委托或者指定，为当事人提供法律服务的执业人员。（律师法第二条）

示例2：注册会计师是依法取得注册会计师证书并接受委托从事审计和会计咨询、会计服务业务的执业人员。（注册会计师法第二条）

10.1 "从业人员"用于表述在一般性行业就业的人员。

示例1：无雇工的个体工商户、未在用人单位参加基本养老保险的非全日制从业人员以及其他灵活就业人员可以参加基本养老保险，由个人缴纳基本养老保险费。（社会保险法第十条第二款）

示例2：从业人员有依法接受职业培训和继续教育的权利和义务。（教育法

第四十条第一款）

11. 批准，核准

11.1 "批准"用于有权机关依据法定权限和法定条件，对当事人提出的申请、呈报的事项等进行审查，并决定是否予以准许。

示例1：进行下列施工作业，施工单位应当向管道所在地县级人民政府主管管道保护工作的部门提出申请：……

县级人民政府主管管道保护工作的部门接到申请后，应当组织施工单位与管道企业协商确定施工作业方案，并签订安全防护协议；协商不成的，主管管道保护工作的部门应当组织进行安全评审，作出是否批准作业的决定。（石油天然气管道保护法第三十五条）

示例2：从事考古发掘的单位，为了科学研究进行考古发掘，应当提出发掘计划，报国务院文物行政部门批准；对全国重点文物保护单位的考古发掘计划，应当经国务院文物行政部门审核后报国务院批准。（文物保护法第二十八条）

11.2 "核准"用于有权机关依据法定权限和法定条件进行审核，对符合法定条件的予以准许。

示例1：公开发行证券，必须符合法律、行政法规规定的条件，并依法报经国务院证券监督管理机构或者国务院授权的部门核准；未经依法核准，任何单位和个人不得公开发行证券。（证券法第十条）

示例2：公证机构的负责人应当在有三年以上执业经历的公证员中推选产生，由所在地的司法行政部门核准，报省、自治区、直辖市人民政府司法行政部门备案。（公证法第十条）

12. 注销，吊销，撤销

12.1 "注销"用于因一些法定事实出现而导致的取消登记在册的事项或者已经批准的行政许可等。

示例1：建设用地使用权消灭的，出让人应当及时办理注销登记。（物权法第一百五十条）

示例2：有下列情形之一的，行政机关应当依法办理有关行政许可的注销手续：

（一）行政许可有效期届满未延续的；

（二）赋予公民特定资格的行政许可，该公民死亡或者丧失行为能力的；

（三）法人或者其他组织依法终止的；

（四）行政许可依法被撤销、撤回，或者行政许可证件依法被吊销的；

（五）因不可抗力导致行政许可事项无法实施的；

（六）法律、法规规定的应当注销行政许可的其他情形。（行政许可法第七十条）

12.2 "吊销"作为一种行政处罚，用于有权机关针对违法行为，通过注销证件或者公开废止证件效力的方式，取消违法者先前已经取得的许可证件。

示例1：邮政企业、快递企业不建立或者不执行收件验视制度，或者违反法律、行政法规以及国务院和国务院有关部门关于禁止寄递或者限制寄递物品的规定收寄邮件、快件的，对邮政企业直接负责的主管人员和其他直接责任人员给予处分；对快递企业，邮政管理部门可以责令停业整顿直至吊销其快递业务经营许可证。（邮政法第七十五条）

示例2：城乡规划编制单位取得资质证书后，不再符合相应的资质条件的，由原发证机关责令限期改正；逾期不改正的，降低资质等级或者吊销资质证书。（城乡规划法第六十三条）

12.3 "撤销"用于有权机关取消依法不应颁发的行政许可或者发出的文件、设立的组织机构，也可以用于取消资质、资格等。

示例1：城乡规划主管部门违反本法规定作出行政许可的，上级人民政府城乡规划主管部门有权责令其撤销或者直接撤销该行政许可。（城乡规划法第五十七条）

示例2：违反本法规定，食品检验机构、食品检验人员出具虚假检验报告的，由授予其资质的主管部门或者机构撤销该检验机构的检验资格；依法对检验机构直接负责的主管人员和食品检验人员给予撤职或者开除的处分。（食品安全法第九十三条第一款）

13. 根据，依据

13.1 引用宪法、法律作为立法依据时，用"根据"。

示例1：为了加强国防建设，完善国防动员制度，保障国防动员工作的顺利进行，维护国家的主权、统一、领土完整和安全，根据宪法，制定本法。（国防动员法第一条）

示例2：省、自治区、直辖市的人民代表大会常务委员会根据本法，结合本行政区域的实际情况，制定实施办法。（村民委员会组织法第四十条）

13.2　适用其他法律或者本法的其他条款时，用"依据"。

示例1：提供的统计资料不能满足需要时，国防动员委员会办事机构可以依据《中华人民共和国统计法》和国家有关规定组织开展国防动员潜力专项统计调查。（国防动员法第十九条）

示例2：对反垄断执法机构依据本法第二十八条、第二十九条作出的决定不服的，可以先依法申请行政复议；对行政复议决定不服的，可以依法提起行政诉讼。（反垄断法第五十三条）

14. 谋取，牟取

"谋取"是中性词，可以谋取合法利益，也可以谋取非法利益。"牟取"是贬义词，表示通过违法行为追求利益。

示例1：学校以向学生推销或者变相推销商品、服务等方式谋取利益的，由县级人民政府教育行政部门给予通报批评；有违法所得的，没收违法所得；对直接负责的主管人员和其他直接责任人员依法给予处分。（义务教育法第五十六条第二款）

示例2：采购代理机构不得以向采购人行贿或者采取其他不正当手段谋取非法利益。（政府采购法第二十五条第三款）

示例3：人民调解员在调解工作中有下列行为之一的，由其所在的人民调解委员会给予批评教育、责令改正，情节严重的，由推选或者聘任单位予以罢免或者解聘：……（三）索取、收受财物或者牟取其他不正当利益的；……（人民调解法第十五条）

示例4：国务院证券监督管理机构工作人员应当忠于职守，依法办事，公正廉洁，接受监督，不得利用职务牟取私利。（证券投资基金法第七十九条）

标点符号若干用法的说明①

一、易混标点符号用法比较

1. 逗号、顿号表示并列词语之间停顿的区别

逗号和顿号都表示停顿，但逗号表示的停顿长，顿号表示的停顿短。并列词语之间的停顿一般用顿号，但当并列词语较长或其后有语气词时，为了表示稍长一点的停顿，也可用逗号。

示例1：我喜欢吃的水果有苹果、桃子、香蕉和菠萝。

示例2：我们需要了解全局和局部的统一，必然和偶然的统一，本质和现象的统一。

示例3：看游记最难弄清位置和方向，前啊，后啊，左啊，右啊，看了半天，还是不明白。

2. 逗号、顿号在表列举省略的"等""等等"之类词语前的使用

并列成分之间用顿号，末尾的并列成分之后用"等""等等"之类词语时，"等"类词前不用顿号或其他点号；并列成分之间用逗号，末尾的并列成分之后用"等"类词时，"等"类词前应用逗号。

示例1：现代生物学、物理学、化学、数学等基础学科的发展，带动了医学科学的进步。

示例2：写文章前要想好：文章主题是什么，用哪些材料，哪些详写，哪些略写，等等。

3. 逗号、分号表示分句词停顿的区别

当复句的表述不复杂、层次不多，相连的分句语气比较紧凑、分句内部也没有使用逗号表示停顿时，分句间的停顿多用逗号。当用逗号不易分清多重复句内部的层次（如分句内部已有逗号），而用句号又可能割裂前后关系的地方，应用分号表示停顿。

示例1：她拿起钥匙，开了箱上的锁，又开了首饰盒上的锁，往老地方放钱。

示例2：纵比，即以一事物的各个发展阶段作比；横比，则以此事物与彼事物作比。

4. 顿号、逗号、分号在标示层次关系时的区别

句内点号中，顿号表示的停顿最短、层次最低，通常只能表示并列词语之间的停顿；分号表示的停顿最长、层次最高，可以用来表示复句的第一层分句之间的停顿；逗号介于两者之间，既可表示并列词语之间的停顿，也可表示复句中分

---

① 节选自《标点符号用法》（GB/T 15834—2011）。

句之间的停顿。若分句内部已用逗号，分句之间就应用分号。用分号隔开的几个并列分句不能由逗号统领或总结。

示例1：有的学会烤烟，自己做挺讲究的纸烟和雪茄；有的学会蔬菜加工，做的番茄酱能吃到冬天；有的学会蔬菜腌渍、窖藏，使秋菜接上春菜。

示例2：动物吃植物的方式多种多样，有的是把整个植物吃掉，如原生动物；有的是把植物的大部分吃掉，如鼠类；有的是吃掉植物的要害部位，如鸟类吃掉植物的嫩芽。（误）

动物吃植物的方式多种多样：有的是把整个植物吃掉，如原生动物；有的是把植物的大部分吃掉，如鼠类；有的是吃掉植物的要害部位，如鸟类吃掉植物的嫩芽。（正）

5. 冒号、逗号用于"说""道"之类词语后的区别

位于引文之前的"说""道"后用冒号。位于引文之后的"说""道"分两种情况：处于句末时，其后用句号；"说""道"后还有其他成分时，其后用逗号。插在话语中间的"说""道"类词语后只能用逗号表示停顿。

示例1：他说："晚上就来家里吃饭吧。"

示例2："我真的很期待。"他说。

示例3："我有件事忘了说……"他说，表情有点为难。

示例4："现在请皇上脱下衣服，"两个骗子说，"好让我们为您换上新衣。"

6. 不同点号表示停顿长短的排序

各种点号都表示说话时的停顿。句号、问号、叹号都表示句子完结，停顿最长。分号用于复句的分句之间，停顿长度介于句末点号和逗号之间，而短于冒号、逗号表示一句话中间的停顿，又短于分号。顿号用于并列词语之间，停顿最短。通常情况下，各种点号表示的停顿由长到短为：句号=问号=叹号>冒号（指涵盖范围为一句话的冒号）>分号>逗号>顿号。

7. 破折号与括号表示注释或补充说明时的区别

破折号用于表示比较重要的解释说明，这种补充是正文的一部分，可与前后文连读；而括号表示比较一般的解释说明，只是注释而非正文，可不与前后文连。

示例1：在今年——农历虎年，必须取得比去年更大的成绩。

示例2：哈雷在牛顿思想的启发下，终于认出了他所关注的彗星（该星后人称为哈雷彗星）。

8. 书名号、引号在"题为……""以……为题"格式中的使用

"题为……""以……为题"中的"题"，如果是诗文、图书、报告或其他作品可作为篇名、书名看待时，可用书名号；如果是写作、科研、辩论、谈话的主题，非特定作品的标题，应用引号。即"题为……""以……为题"中的"题"应根据其类别分别按书名号和引号的用法处理。

示例1：有篇题为《柳宗元的诗》的文章，全文才2000字，引文不实却达11处之多。

示例 2：今天一个以"地球·人口·资源·环境"为题的大型宣传活动在此举行。

示例 3：《我的老师》写于 1956 年 9 月，是作者应《教师报》之约而写的。

示例 4："我的老师"这类题目，同学们也许都写过。

二、两个标点符号连用的说明

1. 行文中表示引用的引号内外的标点用法

当引文完整且独立使用，或虽不独立使用但带有问号或叹号时，引号内句末点号应保留。除此之外，引号内不用句末点号。当引文处于句子停顿处（包括句子末尾）且引号内未使用点号时，引号外应使用点号；当引文位于非停顿处或者引号内已使用句末点号时，引号外不用点号。

示例 1："沉舟侧畔千帆过，病树前头万木春。"他最喜欢这两句诗。

示例 2：书价上涨令许多读者难以接受，有些人甚至发出"还买得起书吗？"的疑问。

示例 3：他以"条件还不成熟，准备还不充分"为由，否决了我们的提议。

示例 4：你这样"明日复明日"地要拖到什么时候？

示例 5：司马迁为了完成《史记》的写作，使之"藏之名山"，忍受了人间最大的侮辱。

示例 6：在施工中要始终坚持"把质量当生命"。

示例 7："言之无文，行而不远"这句话，说明了文采的重要。

示例 8：俗话说："墙头一根草，风吹两边倒。"用这句话来形容此辈再恰当不过。

2. 行文中括号内外的标点用法

括号内行文末尾需要时可用问号、叹号和省略号。除此之外，句内括号行文末尾通常不用标点符号。句外括号行文末尾是否用句号由括号内的语段结构决定：若语段较长、内容复杂，应用句号。句内括号外是否用点号取决于括号所处位置：若句内括号处于句子停顿处，应用点号。句外括号外通常不用点号。

示例 1：如果不采取（但应如何采取呢？）十分具体的控制措施，事态将进一步扩大。

示例 2：3 分钟过去了（仅仅才 3 分钟！），从眼前穿梭而过的出租车竟达 32 辆！

示例 3：她介绍时用了一连串比喻（有的状如树枝，有的貌似星海……），非常形象。

示例 4：科技协作合同（包括科研、试制、成果推广等）根据上级主管部门或有关部门的计划签订。

示例 5：应把夏朝看作原始公社向奴隶制国家过渡时期。（龙山文化遗址里，也有俯身葬。俯身者很可能就是奴隶。）

示例 6：问：你对你不喜欢的上司是什么态度？

答：感情上疏远，组织上服从。(掌声，笑声)

示例 7：古汉语（特别是上古汉语），对于我来说，有着常人无法想象的吸引力。

示例8：由于这种推断尚未经过实践的考验，我们只能把它作为假设（或假说）提出来。

示例9：人际交往过程就是使用语词传达意义的过程。（严格来说，这里的"语词"应为语词指号。）

3. 破折号前后的标点用法

破折号之前通常不用点号；但根据句子结构和行文需要，有时也可分别使用句内点号或句末点号。破折号之后通常不会紧跟着使用其他点号；但当破折号表示语音的停顿或延长时，根据语气表达的需要，其后可紧接问号或叹号。

示例1：小妹说："我现在工作得挺好，老板对我不错，工资也挺高。——我能抽支烟吗？"（表示话题的转折）

示例2：我不是自然主义者，我主张文学高于现实，能够稍稍居高临下地去看现实，因为文学的任务不仅在于反映现实。光描写现存的事物还不够，还必须记住我们所希望的和可能产生的事物。必须使现象典型化，应该把微小而有代表性的事物写成重大的和典型的事物。——这就是文学的任务。（表示对前几句话的总结）

示例3："是他——？"石一川简直不敢相信自己的耳朵。

示例4："我终于考上大学啦！我终于考上啦——！"金石开兴奋得快要晕过去了。

4. 省略号前后的标点用法

省略号之前通常不用点号。以下两种情况例外：省略号前的句子表示强烈语气、句末使用问号或叹号时；省略号前不用点号就无法标示停顿或表明结构关系时。省略号之后通常也不用点号，但当句末表达强烈的语气或感情时，可在省略号后用问号或叹号；当省略号后还有别的话、省略的文字和后面的话不连续且有停顿时，应在省略号后用点号；当表示特定格式的成分虚缺时，省略号后可用点号。

示例1：想起这些，我就觉得一辈子都对不起你。你对梁家的好，我感激不尽！……

示例2：他进来了，……一身军装，一张朴实的脸，站在我们面前显得很高大，很年轻。

示例3：这，这是……？

示例4：动物界的规矩比人类还多，野骆驼、野猪、黄羊……，直至塔里木兔、跳鼠，都是各行其路，决不混淆。

示例5：大火被渐渐扑灭，但一片片油污又旋即出现在遇难船旁……。清污船迅速赶来，并施放围栏以控制油污。

示例6：如果……，那么……。

三、序次语之后的标点用法

1. "第""其"字头序次语，或"首先""其次""最后"等做序次语时，后

用逗号。

2. 不带括号的汉字数字或"天干地支"做序次语时，后用顿号。

3. 不带括号的阿拉伯数字、拉丁字母或罗马数字做序次语时，后面用下脚点（该符号属于外文的标点符号）。

示例1：总之，语言的社会功能有三点：1. 传递信息，交流思想；2. 确定关系，调节关系；3. 组织生活，组织生产。

示例2：本课一共讲解三个要点：A. 生理停顿；B. 逻辑停顿；C. 语法停顿。

4. 加括号的序次语后面不用任何点号。

示例1：受教育者应履行以下义务：（一）遵守法律、法规；（二）努力学习，完成规定的学习任务；（三）遵守所在学校或其他教育机构的制度。

示例2：科学家很重视下面几种才能：（1）想象力；（2）直觉的理解力；（3）数学能力。

5. 阿拉伯数字与下脚点结合表示章节关系的序次语末尾不用任何点号。

示例：3 停顿

3.1 生理停顿

3.2 逻辑停顿

6. 用于章节、条款的序次语后宜用空格表示停顿。

示例：第一课 春天来了

7. 序次简单、叙述性较强的序次语后不用标点符号。

示例：语言的社会功能共有三点：一是传递信息；二是确定关系；三是组织生活。

8. 同类数字形式的序次语，带括号的通常位于不带括号的下一层。通常第一层是带有顿号的汉字数字；第二层是带括号的汉字数字；第三层是带下脚点的阿拉伯数字；第四层是带括号的阿拉伯数字；再往下可以是带圈的阿拉伯数字或小写拉丁字母。一般可根据文章特点选择从某一层序次语开始行文，选定之后应顺着序次语的层次向下行文，但使用层次较低的序次语之后不宜反过来再使用层次更高的序次语。

示例：一、……

（一）……

1.……

（1）……

①/a……

四、文章标题的标点用法

文章标题的末尾通常不用标点符号，但有时根据需要可用问号、叹号或省略号。

示例 1：看看电脑会有多聪明，让它下盘围棋吧

示例 2：猛龙过江：本店特色名菜

示例 3：严防"电脑黄毒"危害少年

示例 4：回家的感觉真好

——访大赛归来的本市运动员

示例 5：里海是湖，还是海？

示例 6：人体也是污染源！

示例 7：和平协议签署之后……

《税务应用文写作基础知识》编审人员

主　编　田　骅

顾　问　程永昌

副主编　王法锟

执　笔　王法锟　曹福来　王　娟　袁　志　李国生
　　　　赵永清　崔富国　赵　雷　谢俊海　宋　磊
　　　　宋龙飞　耿智鹏

主　审　姚　琴　史　峰　高永清　杨德才

审　核　张鲲翼　张　勇　马文奇　陈永健　齐日国

审　定　薛　明　李　想　张媛媛　肖　晴　曾　谦
　　　　戴晓琴　张洪建　李洪朝　赵天真　赵　颖
　　　　毕晓红　张　彦　伦宁静